2012-2020（あとのほう）

野田の日記

それでも僕が書き続ける理由

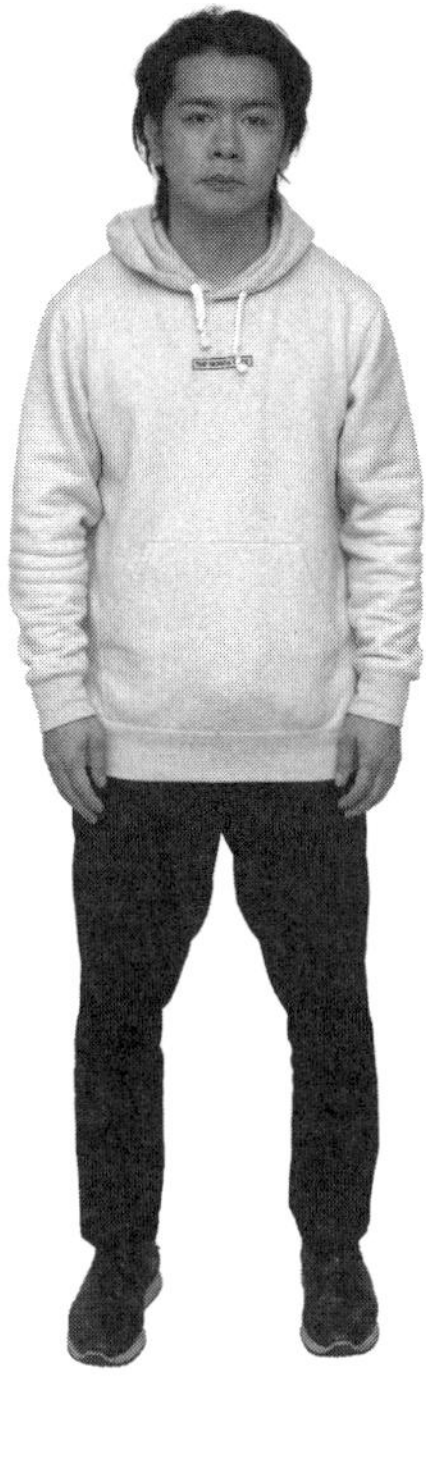

野田クリスタル

まえがき

・２００６年から書いていた日記をそのまま載せました。なので誤字だらけです。
・本に載せれないような言葉は黒で塗りつぶしています。たまに黒だらけです。
・聞いた事がないような芸人の名前が多数出てきますがキリがないので説明していません。
・気になる日記にはちょっとしたコメントをはさんでいます。
・最初の方の日記ほどひどいです。

（２０１５年当時掲載）

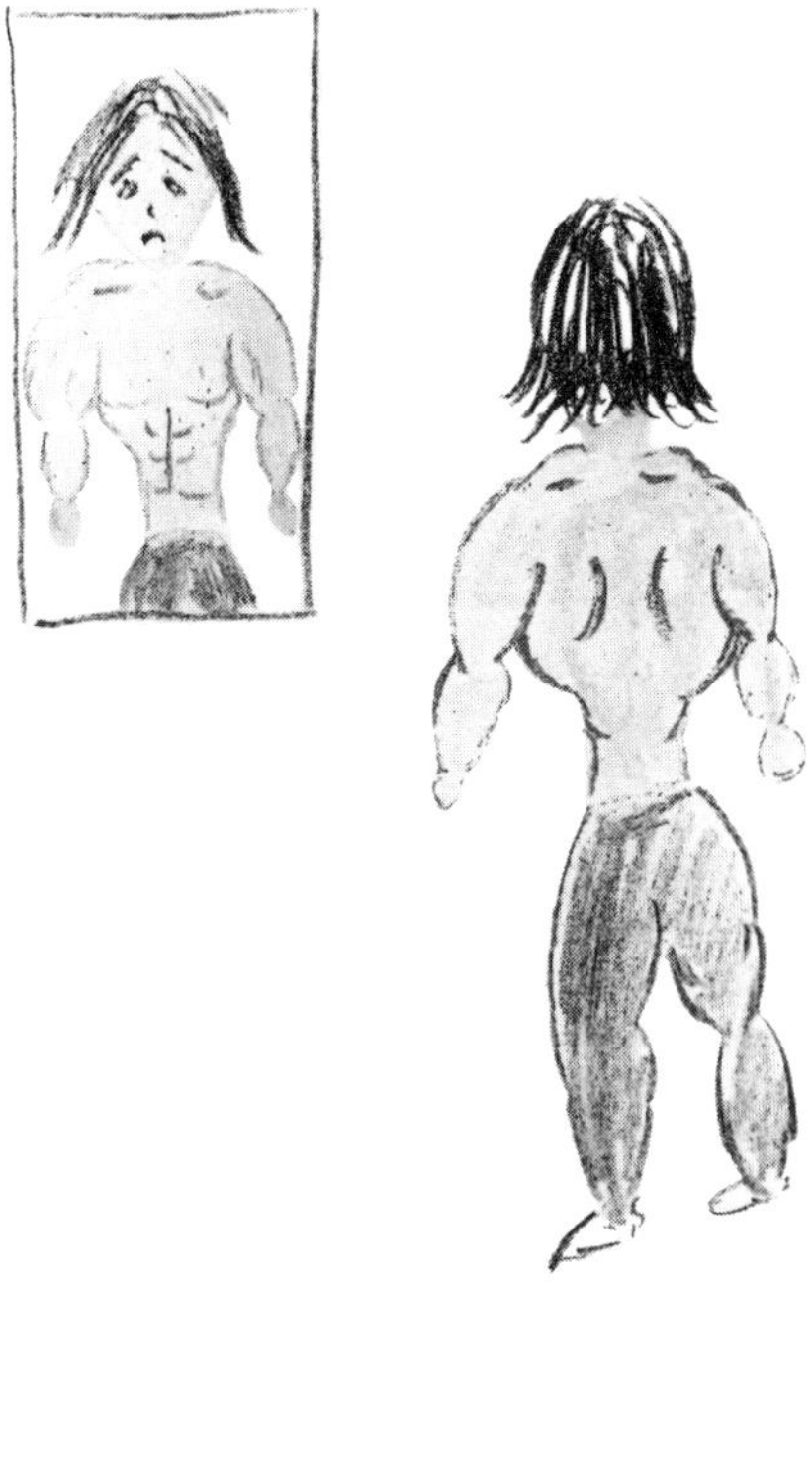

もくじ

NODA'S DIARY 2012

2012年

2012/01/04（水）延長料金1200円

12月31日23時59分。

僕は漫画喫茶にいた。

言い訳をすると、夜中からルミネでライブがあり、それなら軽く仮眠してから行こうと漫画喫茶に入り年明け前には出るつもりだったが、漫画喫茶の中が暖かくて出る気がなくなってしまったのだ。

さすがにこんな僕でも漫画喫茶で新年を迎えるのには抵抗があり、せめて漫画喫茶の中で年明けらしいことをしようと思った。

とりあえずカップ麺のそばでも食うかと思い、腰を上げようとしたが腰が上がらない。

漫画喫茶の部屋の居心地が良すぎて立ち上がる気になれなかった。

誰かにおめでとうメールをしようと思い携帯を取り出したが圏外でメールができない。

テレビでも見ようと思ったが電源の場所がわからない。

そして僕はもうどうでもよくなってしまい、寝っ転がった。

でも年をまたぐ瞬間くらい何かしなくちゃなと思い、0時になると同時に僕は寄り目をした。

頭の中で除夜の鐘が聞こえた。

2012/01/11(水)告知

夜中の帰り道、ひと気の少ない道を歩いていると僕の前を若い女性が歩いていた。

前を歩くその女性はチラチラと後ろを振り返り、僕の方を見てきた。

あぁ、絶対不審者扱いされてるなと思い、僕はその女性を抜き去るか、どっか横道に入るかで悩んだ。

しかし抜き去るにしても、歩くスピードを急に上げたらそれで怖がらせてしまうかもしれない。

横道に入るにしても、家に帰るにはこの道を使うしかない。

どうしようかと考えながら距離をあけるため気持ちゆっくり歩いていたら、その前にいた女性がまるで唾を吐くようなスピードでゲロを吐いた。

ええっと思った。

僕は大丈夫ですか？　と声をかけるべきか悩んだ。

しかしその女性はまるでこのゲロは私のじゃありませんみたいなオーラでなにごともなかったかのように歩いている。

なんかお茶でも渡そうかと思ったが、その女性は横道に入っていき、すぐに姿が見えなくなった。

もしかして、ゲロを吐く姿を見られたくないのかもしれない。

だから僕の方を気にしていたのかもしれない。

再び遠くの方からビチャビチャという音が聞こえた。

そんなゲロのお話、マシュマロのキオク。

明日が初日公演です。

是非見に来てください。


2012/01/18（水）あと3日しかない

いよいよ今週の土曜日はマヂカルラブリー単独ライブ。

毎日神保町花月の楽屋で村上とネタ合わせをしている。

そして昨日、僕らは最後1本のコントを作っていた。

しかしその最後1本のコントが何も思いつかない。

お互い無言の時間が流れ、ただただネタ帳と向き合っていた。

次第に頭がぼーっとしていき、あぁこれはもう今日は何も思いつかないな。帰ろうと思った瞬間、村上がボソッと「ケツでか……」と呟いた。

僕は「え?」と言った。

村上は「いや、なんでもない」と言った。

そしてしばらくしてからまた村上が「ケツでか兄弟……」と呟いた。

僕はまた「え?」と言ったら、村上は「いや、なんでもない」と言った。

そしてまた無言の時間が流れ、もう帰るかと立ち上がった瞬間、村上の目が見開いた。

そして村上は「ケツでか兄弟の銀行強盗だ」と閃いたように言った。

僕は「おお。どういうコントなんだ!?」と聞いた。

そしたら村上は「そこは任せたよ」と言って帰った。

僕は頭を抱えた。


一応考えてみるんかい。

2012/01/25（水）お越しくださいましてありがとうございました

単独ライブにお越しくださった皆さん、ありがとうございました。

今回は特に問題もなく終わった。

唯一あったといえば、紙切りのコントで僕が一升瓶を口に含むところで、確認ミスで一升瓶に本当にお酒が入っていたところくらいだ。

あそこあたりから僕の調子は悪くなっていった。

そんなこんなで次は野田スクールクリスタル。

今度の野田スクールクリスタルはついに好井が股間から意外なものを出す⁉

2012/02/01（水）木刀けんすいくん2号に続く

急に懸垂《けんすい》がしたくなった。

しかし家の中には懸垂ができる場所がない。

懸垂をするには鉄棒のようなものが必要で、近くに公園はあるが行くのがめんどくさいし、子供が遊んでる中、一人で懸垂してるのも恥ずかしい。

なんか懸垂できるところはないかと部屋中を探していたら、中学の修学旅行で買った木刀を見つけた。

それを見て僕はひらめいた。豆電球が頭上に現れた。

そして僕は押入れからドライバー、ペンチ、紐、ネジを取り出し、作業を始めた。

まず部屋の天井の木の部分にドライバーを使ってネジを

数本差し込み、そのネジの先をペンチで曲げてそれぞれ紐を結びつける。
紐の先を輪っかにしてそこに木刀を横にしてそれぞれの輪っかの中に通す。

こうして木刀けんすいくん1号が完成した。

僕は興奮が止まらなくなり、さっそくその木刀けんすいくん1号で懸垂をした。

木刀を両手で握り、全体重を木刀に預けた。
そしたら一気に天井に差し込んだネジが外れ、僕は凄まじい音とともに木刀を握ったまま床に叩きつけられた。

その凄まじい音にびっくりして隣の部屋の兄が僕の部屋に入ってきた。

兄は木刀を握った僕を見て「なにしてんの?」と言った。
僕は「うるせえ」と言った。
兄は「おまえだろ」と言った。

2012/02/08(水)いつの間にか恒例になってる奴
さあて次回の野田スクールクリスタルは?

野田です。
最近寒いですね〜。
寒さ対策として乾布摩擦を始めたらやり過ぎて人体発火しちゃいました。トホホ。

さて次回は、

・好井、音速を超える

・菅、やたら前に出る
・西島、誰かが言ったことをもう一度言う
の3本です。

絶対に見に来てくださいね。

ジャンケン、ポン。

はい、負けた。

で？

2012/02/15（水）猫

駐輪場に止めていた原付バイクのシートに猫が乗っていた。

僕は猫が好きだ。

この前楽屋でLLRの伊藤さんが「猫が布団の上に乗っかってくるとすげー重いんだよなー」と言って僕は「大変そうっすねー」と笑いながら言った。

でも心の中では羨ましすぎて、その夜僕は枕をお腹に置いて猫が乗っているのを妄想したほどだ。

でも僕は好きなものには素直になれない男で、僕はシートに乗った猫を持ち上げて地面に置いた。

本当はワシャワシャしたい。

そして僕は原付を走らせようとポケットに入れていた鍵を取り出そうとした。

しかしよく見たら鍵は既に原付にささっていた。

どうやら僕は鍵を原付にさしたまま出かけてしまったよ

うだ。

危うく盗難にあうとこだった。

そこで僕はふと猫を見た。

もしかしてこの猫は僕の原付が盗まれないように見張っていてくれていたんじゃないだろうか。

スタスタと去っていく猫の後ろ姿を見て僕は「そんなわけないか……」と呟いた。

そしたら猫は他の原付のシートに乗っかって寝た。

本当にそんなわけなかった。

2012/02/23（木）書くことあった

今日はR―1。

相方の大切さを思い知って来ようと思う。

2012/02/29（水）確かに気をつけた方がいい奴

とんでもない雪だったが、それでも我々郵便局員一同はお客様の喜ぶ笑顔を見るため配達へと向かう。

出発前バイクのタイヤにチェーンをつけてるとき、先輩が「明日はアイスバーンかー」と言った。

僕は「はい？」と言った。

先輩は「明日はアイスバーンだからもっとしんどいね」と言った。

僕は「そうっすね」と言った。

先輩は「アイスバーンわかる？　雪の次の日とか雪が解けて凍って滑りまくるんだよ」と言った。

僕は「あ、はい。一応雪の日の配達も経験してるんで」と言った。

先輩は「そっかー。じゃあアイスバーン大変だったでしょ」と言った。

僕は「アイスバーンというか雪自体がしんどいっすね」と言った。

先輩は「だよねだよね。しかも次の日がアイスバーンだもんね」と言った。

僕は「そうっすね」と言った。


先輩は「あっその前にブラックアイスバーンがあるか」と言った。

僕は「はい?」と聞いた。

先輩は「あ、ブラックアイスバーンっていうのは薄い氷が張ってて透けてるから走ってると気づかないアイスバーンのことね」と言った。

僕は「詳しいっすね」と言った。


先輩は「いやー結構長いからね」と嬉しそうに言った。

僕はバイクのエンジンをかけて先輩に「キルバーンにも気をつけましょう。それじゃ」と言って出発した。

先輩は「そうだね。気をつけて」と言った。

キルバーンとは『ダイの大冒険』に出てくる死神のことだ。

2012/03/07(水) スーパークリスタルとハイパークリスタルとクリスタルが集結

真ん中の兄から電話で「とうちゃん還暦だから還暦祝い買いに行くぞ」と言われ、我ら野田3兄弟は新宿へと向かった。

我ら野田3兄弟が集結するのは久しぶりで、僕はてっきり我ら野田3兄弟が同じ場所に集まると合体して一つのクリスタルになると思っていたが合体しなかった。

合体しなかったなーなんてことを話しつつ、我ら野田3兄弟は伊勢丹へと向かった。

向かってる途中、一瞬我ら野田3兄弟が長男を先頭に列になって歩いた。

我ら野田3兄弟は体形がだいたい同じなので次男と僕が長男の残像みたいになった。

残像みたいになったなーなんてことを話しつつ、伊勢丹に着き我ら野田3兄弟はすみやかに還暦祝いを買って流れるように解散した。

別れ際に、我ら野田3兄弟は次いつ集結するんだろうなーと言ったら次男は「今月結婚式あるだろ。俺の」と言った。

いや結婚するんかーいと思った。

2012/03/14(水) 没ネタのお葬式

今さらだけど、単独で作った没ネタを紹介したいと思う。

・ケツでか兄弟の銀行強盗

村上が考えた幻のネタ。

警察に取り囲まれたケツでか兄弟は背中合わせで応戦を試みたがケツでかすぎて背中が合わせられないというところまでできたが、煮詰まる。

・ケツでか姉妹のティータイム

ケツでか兄弟が煮詰まった後にできたネタ。

ケツがデカすぎて、イスに座ってるのか立ってるのかわからないというところまでできたが、煮詰まる。

・ケツでか爺さんハワイで負ける
ケツでか爺さんがハワイで自分よりケツのでかい[redacted]を見つけショックで寝込むところまでできたが、煮詰まる前に没。

・ケツでかくない兄さん現る
逆転の発想。これ没なんだけど、から作ったので没。

二度と僕らの頭の中に浮かんでこないよう安らかに成仏してください。

2012/03/21（水）そして俺より向いてる

無限大の楽屋でジューシーズの松橋が「俺も郵便局でバイトしようかな」と呟いた。

僕は「え？　なんで」と聞くと松橋は「前にポスティングのバイトしてたんで結構地図読むのとか得意なんですよ」と言った。

僕は、あぁこいつ郵便局員なめてるなと思い、松橋に「郵便局員に必要なのは地図を読めるかどうかじゃないよ」と言った。

松橋は「え？　じゃあ何が必要なんですか」と聞いてきたので僕は少し間をためて「物をなくさないことさ」と言った。

続けて僕は「郵便物をなくしたら終わりだ。だから物をなくしやすい奴はやれない仕事だよ」とたばこを吸いながら言った。

松橋は「へぇそうなんですか」と言った。

そして数分後、そろそろ出番が近づいてきたので僕はスーツに着替えようと思って服を脱いだ。

そしてパンツ一丁になったところであれ？　と思った。

スーツないなと思った。

スーツがないっていうかスーツ持ってきてないなと思った。

いつも鞄とスーツ入れを持ってきてるが、僕は今日鞄しか持ってきてない。

僕は一瞬にして顔が青ざめた。

そして僕はさっき松橋に「物をなくさないことさ」とキメ顔で語ってる自分を思い出す。

ここでスーツを忘れたということが松橋にバレたら、クソカッコ悪い奴だと思われるんじゃないだろうか。

でも実際はスーツをなくしたわけじゃなくスーツを忘れたわけだから、さっきの話とは全く関係のないことだ。

だから松橋に笑われる筋合いなんてない。

僕は動揺を見せないように松橋に「あーやべ。スーツ忘れたわー」と言った。

そしたら松橋は「あっじゃあ無限大からジーパンとランニング借りて前の衣装で出たら良いじゃないですか」と言った。

松橋はめっちゃ良い奴だった。

2012/03/28（水）野田シソンヌ

神保町稽古中、僕は台本のキャストに書かれたシソンヌという字をずっと見ていた。

シソンヌ。言葉にすると気づかなかったが、カタカナにするとその4文字はすごく作りが似てる。

シとヌは似てないが、ンとヌは似てる。

ンの次がヌだからこそ、この4文字は似てる。シヌソンだったら気づかなかった。

僕はそのシソンヌという4文字を見て、何かに似てるなと思った。

「ノシ」だ。

ネット用語で使われている「ノシ」という文字。

これは人が手を振っている姿を表した文字で、バイバイを意味してる。

そうなってくると、「シソンヌ」も手を振っているようにしか見えなくなってきた。

最後のヌは敬礼してるようにも見える。

つまり「シソンヌ」が手を振っている様子で「ヌ」が敬礼だ。

戦場に1人で特攻した仲間が戦死したときに使えそうだ。

芸人が急に前に出てすべったときもシソンヌだ。

そんなことを考えていたら稽古は終わっていた。

充実した稽古だった。

どう目をこらしても見えない。

2012/04/04（水）芸歴10年目

神保町花月の稽古中は郵便局のバイトに行けないため、稽古が終わり本番が始まった今日は久しぶりにバイトに向かった。

僕が休みの間は僕の代わりにおばさんが配達してくれていて、僕はおばさんにお礼を言ってから、久しぶりの配達に出た。

そしていつも配達しているマンションに行くと、マンションの管理人さんが「おっ久しぶりだね」と声をかけてきたので僕は「あっおはようございます」と返事をした。

するとと管理人さんはニヤニヤしながら「聞いたよー」と言った。

僕は「え？　何をですか？」と聞くと管理人さんは「芸人さんなんだって？」と言った。

僕は動揺して「え？　何がですか？」と言うと管理人さんは「君がいない間に配達してた人が話してくれたんだよ」と言った。

僕は「あっそうなんですか」と言うと管理人さんは「全然そんな風には見えないんだけどねー。え？　やっぱ普段は面白いの隠してるのかい？」とニヤニヤしながら言った。

僕は早々に切り上げようと「いえ、まだ素人みたいなもんなんで」と言ったら管理人さんは「だろうね」と言った。

もっと面白い郵便屋さんになろうと思った。

2012/04/11（水）思い出し笑い

別に人に話すほどではなく、話したところで聞いた人が笑ってくれる話でもない。ただ思い出すと、自分だけがフッと笑ってしまう、それが思い出し笑い。

僕は西島を見るたびにそんな思い出し笑いをふとしてしまう。

3年くらい前のルミネのネタライブのとき、いつもコントをやるジョイマンが漫才をやるということで僕はネタを見るために舞台袖に向かった。

すると舞台袖には既にエリートヤンキーの西島がいて、

僕はその後ろでジョイマンのネタを見ることにした。

僕も西島も真剣な眼差しでジョイマンのネタを見守っていたが、残念ながら深刻なほどにすべっていた。

それはもう芸人を辞めるきっかけになるレベルですべっていて、見てる僕もゲロを吐きそうだった。

本人達もその状況に焦り、高木は挽回しようと声を張りそれに対し池谷は目いっぱいに高木をどついた。

そしたら、頭をはたかれると同時に高木の口からピンポン玉クラスの痰が客席に向かって飛び出した。

それを見た僕は固まった。

笑うとかそんなんじゃない。もうこの場から逃げ出したくなった。

深刻なレベルですべっている最中、ピンポン玉クラスの痰が客席を襲ったのだ。

客席がざわめき､池谷は焦りながら「いやっきたねーな」と必死でフォローするも、もう状況としては完全に終わっていた。

そんな中、それを見ていた西島がボソッと「すごい痰でかいな」と呟いた。

字だとなんとも伝わりづらいが、まるでライバル校の試合を観戦中の選手が試合を見終わった後に言ったひと言みたいな感じで言っていた。

僕はその西島のひと言に今でも思い出してはフッと笑ってしまう。

人前で話すほどではないが、なんか誰かに伝えたかったそんなお話。

2012/04/19（ホ）「最近僕野田さんの日記に出てこないですね」って言うから

こんなパンサー菅良太郎は嫌だ。

・語尾が「でやんす」
・怒るときほっぺた膨らます
・胸元隠しながら上目遣いで「見たでしょ」って言う
・ぐるっと回転してから指をさして「それだ」って言う
・タロットカードから1枚カードを出してニヤリと笑う
・拍手する時「ぱちぱちぱちー」って言う
・「これはご主人様に報告だー」と言ってどっか消える
・脱皮する
・つけ髭
・脱皮しながら上目遣いで「見たでしょ」って言う

終わり。

尾形さんより先にしゃべり出す。

2012/04/25（水）子供達ごめんなさい

家に帰る途中、家の前の広場で子供達がキャッチボールをしていた。

僕はそれを特に気にすることなく歩いていたら、野球のボールが僕の方に転がってきた。

そのボールを手に取り、子供達の方を見ると子供がグローブをかかげながら「すいませーん」とこのボールを自分のところまで投げてくれアピールをしていた。

僕は手が震えた。

実は僕は野球がクソ下手で、10mくらい距離が離れるとまともにキャッチボールができない。

子供達との距離は20mくらいあり、投げたらとんでもない方向にボールが飛んでいく可能性がある。かと言って手渡しは情けなさすぎる。

どうするか悩んだあげく、僕は「これ君達のボール?」みたいな雰囲気を出しながら彼らに近づき、制球が定まるであろう場所まで来たら投げることにした。

そして僕は早くこっちに投げろという子供達のアピールを無視しながら彼らに近づき、だいたい8mくらいまでの距離まで近づいたところでボールを投げた。

そしたらボールは子供を越えて広場の階段のところまで飛んでいき、階段から転がり落ちて、そのままどこかへ消え去った。

僕の足は震えた。

震えながら「ここで野球とかしちゃ駄目だから」と言ってその場を去った。

子供は呆然としていた。

2012/05/02(水) 頭の中でgloveの曲が流れた

マンションのエレベーターに乗っていたら、途中で子供が乗って来た。

子供は僕の後ろに行き、僕はそれを特に気にすることなく閉まるを押した。

エレベーターは動き出し、僕はぼーっと目の前を見ていた。

ここのエレベーターはドアの真ん中がガラスになっていて階を行くごとに外が見える。

そして階と階の間は暗くなり、その瞬間ガラスはミラーになって、一瞬だけ僕の後ろにいる子供の様子がガラスにぼんやりと映る。

ぼーっとしてたので最初は気がつかなかった。

ガラスに映る子供をちらっと見たとき、僕はようやく気がついた。

子供は僕の後ろでなぜか顔芸をしていた。

ひょっとこみたいな顔芸をしていた。

ずっと気がつかなかった。

子供も僕がそれに気づいたことに気づいてない。

この子供はどこまで僕に気づかれず変な顔をし続けられるかを挑戦しているんじゃないだろうか。

なんか悔しくて僕も顔芸をした。

ひょっとこみたいな顔をした2人がガラスに映った。

2012/05/10（木）ファンレター

野田さんを横浜で見かけたがよく見たら全然違う人だったという話を5ページに渡って書かれたファンレターを頂いた。

なんて返せばいいのかわからなかった。

2012/05/16（水） ただ番号知らない

この前、パンサー向井とスパイク小川と僕でご飯を食べに行った。

3人ともゆとり教育の犠牲者ということでこの食事会は「ゆとり教育の会」と名付けられた。

しかしご飯を食べに行くまでに、このゆとり教育の会には数々の困難が待ち受けていた。


まず集合場所を決めていない。

あと2人とも俺の番号知らない。

無事合流したが、誰も歩き出さない。

向井は意外に店とか全然知らない。

俺、先頭を歩くも完全に駅に向かっている。

小川たまに消える。

俺、小川見つける。

「携帯で店調べますか」と向井が言って、「そうだな」と僕が言って、結局誰も携帯出さない。

向井は「こっちの方なんかありそうですね」しか言わない。

小川、たまになぜか先頭歩く。

最終的に天丼屋に入り、3人で楽しくご飯を食べた。

ゆとり教育の会は定期的に行うことにした。


この1回で終わった。

2012/05/23（水） たぶんこれ見てないから

こんなしいはしジャスタウェイは嫌だ。

・そうめんに交じってる

・再生する
・前世が消しゴム
・触った人の髪を金髪にする能力を持っている
・胸筋が動くことを自慢してくる
・実在しない
・本当はジャスタウェーイ
・ケツでかすぎ
・ケツ毛も金髪
・脱皮する

です。

2012/05/30（水）桑田なら僕の知り合いっすよ

モノマネが苦手で、何かモノマネをやってと言われても割り箸が割れる瞬間のモノマネしか持っていない。

前にオーディションでビートたけしのモノマネをやってくださいと無茶ぶりされて、後輩たちの前で自殺の理由になるくらいすべったことがある。

なので僕はこれから何かモノマネを身につけたい。

できれば芸能人のモノマネがいい。

ということで僕は郵便配達中、小声で桑田佳祐のモノマネを練習した。

最初は「ハラボー」と小声で練習して、これはイケるんじゃないかと、試しに携帯で全力の「ハラボー」を録音して聞いてみた。

消去ボタンが分からず慌てて音が漏れないように体で携帯を覆った。

その後いろいろな芸能人のモノマネを練習したが、最終的に桑田佳祐の知り合いというモノマネが完成した。

モノマネを振られないようにする努力をした方が早いと思った。

2012/06/06（水）ダメな日

原付バイクでバイト先まで向かってる途中、僕はバスの停留所の前でバイクを止めた。

バスの停留所ではこれから学校に向かう学生や、サラリーマンがバスを待っていた。

そして僕はふと、あれ？　なんで僕はここでバイクを止めたんだろうと思った。

ぼーっとしていたら、僕はいつの間にか停留所の前で止まっていた。

学生達やサラリーマンはなんだこいつという目でこっちを見ている。

多分だが、僕はたまに雨の日なんかはバスでバイト先まで向かう。

そして僕はぼーっとしすぎて、今自分がバスに乗っていると勘違いし、バスの停留所に止まってしまった。

サラリーマンや学生がこっちをものすごい見てる。

僕は完全にパニックになる。

そしてなんかわからないが、止まったからにはとりあえず降りようと思い、バイクから降りてとりあえずバイクを押した。

そこで僕は「あっバイクが急に壊れて動かなくなったってことにしよう」と思い、バイクを押しながら小声で「くっそ」と言ってその場を離れた。

その後、見えなくなってからバイクを走らせたら、後ろから来たバスに、さっきまでバスを待っていた学生達が乗っていて目が合った。

なんかどうでもよくなって全力で『Choo Choo TRAIN』を歌った。

2012/06/13（水）それはそれですごい

母がｉＰａｄを買った。

母は未だに折り畳みの携帯もロクに使えない。

そんな母がｉＰａｄを使いこなせるわけがないと思い見てみると、なんと母は凄まじいスピードで指を動かし、かつ華麗な指さばきで画面をタッチしていた。

まさかもう使いこなしたのかと思い画面を見てみると、母は太鼓の達人をやっていた。

母は「これで音が出たら面白いんだけどねー」と言った。

使いこなせてはいなかった。

2012/06/20（水）猿以下のコンビ

ネットで「小、中、□、大。□に入るのはなんでしょう？」という問題を見つけた。

僕は全く答えがわからず答えを見ようとしたが、「こんなの猿でもわかる」みたいな書き込みを見つけ、悔しくて意地でも解こうとした。

結局わからず、次の日もずっと考えていた。

そして村上とネタ合わせをしているとき、僕は試しに村上にこの問題を出してみた。

そしたら村上は上を見ながら「あれがこれで、あれがあーなって。はいはい。そういうことね」と一瞬で答えを導きだした。

僕は「まじかよ」と言った。

村上は「答えはねー」と言おうとしたところで、僕は悔しくて「ちょっと待って」と言って再び考えた。

村上は「パッと思いついたのが答えだよ」とアドバイスをくれたが、やはり僕には答えがわからず、僕は降参して村上に「答えなに？」と聞いた。

そしたら村上は「中．5」と答えた。

答えは「高」だった。

2012/06/27（水）筋トレ

家でたまに筋トレをしているが、筋トレをしていると踏ん張るときに「ふん」と息が漏れる。

その「ふん、ふん」が家族に聞かれた時「ひかるは部屋でやましいことをしているんじゃないか」と思われたら嫌だなと思い、なるべくその「ふん」を殺しながら筋トレをしている。

しかし筋トレが終わったときに出る「ふぅー」も考えてみたらやましいなと思い、その「ふぅー」は殺してなかったため、もしかしたら家族に勘違いされてるんじゃないかと思った。

そこで僕は上半身裸でリビングに行き、筋トレが終わった後のパンプアップした体を見せつけ「実は筋トレしていたんですよ」アピールをしようと思った。

リビングに母親がいたので僕は「ふうー」と言いながらリビングに入った。

この「ふぅー」は「さっき部屋から聞こえてたふぅーは筋トレで出たふぅーですよ」をアピールするためだ。

そして僕はコップを力強く握り、筋肉の筋を見せながら水を一気飲みした。

さらに僕は「ぷはー」と言った後、カチカチになった体をバンバン叩き「しみるー」と言った。

それを見ていた母親はひと言「なんて言われたいのよ」

と言った。

僕は服を着た。

たまに筋トレの話が出るけど、このときはまだやったりやめたりを繰り返していてガチじゃない。

2012/07/04（水）あんまり告知してなかったので

さーて、次回の野田スクールクリスタルは？

後藤です。パンはパンでも食べられないパンは？　答えはパンパン音がするやつ全般です。

さて次回は？

・好井、相対性理論を否定する
・萱、「こいつがいけないんだ」と言いながら自分の右手を釘で打ちつける
・西島、身長と横幅が同じになる
の3本です。


絶対観に来てくださいね。

俺チョキだすわ。

ジャンケン、ポン。


うふふふ。

2012/07/11(水) 皆さんの恐怖体験も募集中

夏なので、ちょっとした恐怖体験。

中学生のとき、家の近くに有名な心霊スポットがあって友人とその兄とで肝試しに行った。

そこは廃マンションで確かに何か出そうな雰囲気はあったが、しかし結構近くにコンビニやら自販やらがあって辺りが明るく、思っていたよりも怖くはなかった。

マンションに入っても外の様子が見えるので、なんだかあまり肝試しという感じがせず「何かつまらないね」みたいなことを僕は言った。

そしたら、友人兄が「1人ずつ屋上まで上って戻ってこようぜ」と言った。

僕たちはそれに乗り、最初にその友人兄が屋上まで上っていくことになった。

僕たちはそれを1階で待っていた。

するとかなり早くその兄が戻ってきて僕たちは「いや、絶対行ってないだろ」と言った。

そしたら友人兄は「お札貼ってあった」と言って、古びたお札を僕らに見せた。

僕は「いや、剥がしてきたらやばいだろ」と言った。

それで3人でそのお札が貼ってあった場所まで行き貼り直そうとしたが、うまいこと貼り付かず、とりあえずはさめるところにお札をはさんで、その場を後にした。

そしてその日は帰ることになった。

次の日の朝、その肝試しをした友人と会って「何してんの？」と声をかけたら友人は「おまえも一緒に来て」と言った。

僕は「どこに？」と言うと、友人は昨日のお札を僕に見せた。

僕は「え？　なんで持ってんの？」と聞くと友人は「なんか兄貴があの後、マンションに行ってお札取りに行ったんだって」と言った。

僕は「なんで？」と聞くと友人は「わからんらしい」と言った。

僕は「いやっおまえの兄貴が一番怖いだろ」と言った。

その後、2人でそのお札が貼ってあった場所まで行ったら、夜のときは気づかなかったが、その場所だけ至るところにめっちゃお札が貼ってあった。

怖くなって2人ですぐ退散した。

2012/07/18(水) そんな事より日曜日は野田スクールクリスタル

電車で外国の人に話しかけられた。

全く英語がわからない僕はテンパった。

しかし唯一「ゴタンダ」という言葉が聞こえ、僕は「五反田に止まるかどうかを聞いてるんだな」とわかった。

そして僕は「イエス」と言おうとした。

その瞬間車内が静かになった。

授業中に急に教室が静かになるあれだ。

僕は焦った。

この静かになった車内に僕の「イエス」が響き渡る。

普段気軽に言う「イエス」じゃなく、外国の人にわかるように言う「イエース」だ。

そんな僕のゴミみたいな「イエース」がこの車内に響き渡ったら車内にいる英検1級クラスのサラリーマン達が笑うに違いない。

しかし外国の人は返答を待っている。

そして限界まで追い詰められた僕は限りなくイエスに近い言い方で「うぃす」と答えた。

外国の人にはイエスと聞こえ、日本人にはうぃすと聞こえる、そんな「うぃす」だ。

外国の人は「センキュー」と言った。

僕はホッとした。

外国の人はその後、ドアの上に貼ってある路線図を見て自分で確認していた。

2012/07/25（水）うる覚えなんで少し違うかもです

野田スクールクリスタルにお越しの皆様ありがとうございました。

観に来られなかったお客様のために今回の野田スクールクリスタルをダイジェストでお送りしたいと思います。

・開演と同時に全員が強い照明に照らされながら舞台の床から迫り上がってくる
・僕がワイヤーで吊るされながら劇場内を飛びまわる
・舞台の床から炎が舞い上がり、炎の中からジョイマン登場
・それと同時に謎の覆面集団が登場し、お客様を1人襲う
・その瞬間、投げナイフが覆面に刺さる
・2階席を見るとそこには、タバコを吸いながらニヤリと笑うシューレスジョーが
・と、同時に橘が舞台上に現れ覆面集団をカンフーで倒す
・そこにサングラスをかけた菅が葉巻を吸いながら登場
・投げ捨てた葉巻が床に落ちると同時に橘と菅の拳が交わる
・さらに他の出演者も次々と現れ乱戦となる
・そこに赤羽が登場し、カービィみたいに全員吸い込む(ちなみに赤羽は高木に変身した)
・最後は僕が舞台上に現れ、洋楽を歌い、お客様はスタンディングオベーション

そんな愉快なライブでした。

なので次回は是非観にきてください。

うろ覚えな。

2012/08/01(水) ツンデレ男、菅良太郎

今日、プロデューサーXというライブでパンサー菅に僕の幻のネタ「にんげんっていいな」をやってもらった。

このライブで僕が作ったネタを菅にやってもらうことは決まっていたが、当日まで内容は菅に伝えず、当日、菅に「ブリーフ、タンクトップ着てくれ」と言うと、菅は「僕を殺しにきましたね」と言った。そう言いながらも心の奥では「ありがとうございます」と言ってるのがわかった。

そして僕は「じゃあそれで、にんげんっていいな、と言いながら飛びまわってくれ」と言うと菅は「責任はとってください」と言った。そう言いながらも「早くこのネタをやりたい」という思いが僕には伝わった。

そしてこのネタの肝心の部分であるガッツポーズをしながら満面の笑みでジャンプする動きを指導すると、菅は「できないです。僕のアレンジでやります」と言った。遂に自分でアレンジを加えてきたか、と思った。

本番直前、菅の足は震えていた。

これから起こる大歓声を考えたら無理もないと思った。

2012/08/07(火) 暑いっすね

単独が近いのでそろそろコント1本くらい作ろうと思いネタ帳を広げたが、暑さと深夜稽古からくる眠さで頭がぼーっとして何も考えられず、気づいたらノートに「ショートコント、あいつだってガンマン」と書いていた。

じっと見つめたが何も生まれなかった。

2012/08/15（水）BBSでご指摘を受けました通り

そう。僕は神保町公演中ずっとBURBERRYのパンツを穿いていた。

毎日同じパンツを穿いていたわけではない。BURBERRYのパンツを2着持っているのだ。

普段はダサいダサいといじられる僕だが、パンツはおしゃれなのだ。

赤羽が「野田さんなんすかその靴。ダサすぎるでしょ」と僕を毎回いじってきて「うるせえ」といじられキャラを装っていたが、実はパンツというジャンルにおいては赤羽よりも僕の方がおしゃれだ。

しかし、僕は見せない。

パンツがBURBERRYであることを見せない。

おしゃれとは内に秘めたるものなのだ。

しかし今後僕がダサいといじられていた場合、皆様は「とはいえパンツはBURBERRYなんだろうな」と思ってください。

2012/08/22（水）本音

THE MANZAI、2回戦当日の朝。

僕は緊張で食欲がなかった。

そしたら母が「どうしたの？」と聞いてきて僕は「いや、今日大事な大会でさ。胃が痛いんだよね」と答えた。

すると母は「ゆっくりやってけばいいのよ。落ちたって来年があるじゃない」と言った。

僕は「まあね」と答えた。

僕は「ありがと」と言うと母は「うん。郵便局もあるし」と言った。

なんかわからないが、あっ郵便局員になってほしいんだなというのが死ぬほど伝わった瞬間だった。

2012/08/30(木) サブカルラブリー

単独ライブにお越しの皆様ありがとうございました。

単独もこれで4(5?)回目くらいで、だいぶ慣れてきた。

まず、村上に慣れてきた。

彼には毎回ピンネタをやってもらっているが、いつも前日まで何も決まっておらず、僕が「いやっ、スタッフさん用に台本作らなきゃいけないから早く作れよ」と言うと村上は「大丈夫。なるべく音響とか使わないネタにするから」と言って当日、3分で7回音響を使うネタを作ってきた。

死ねよと思った。

あと、V撮りにも慣れてきた。

今回は世にも奇妙風のVを撮り、コントの前フリに使うことにした。

いつも何時間もかけて撮影していたが、今回は慣れたもんで15分くらいで終わった。

力を抜いて、考えすぎず、いつも通りの自分で撮った。

結果アンケートにはかなりの割合で「VTRがひどい」とご指摘頂いた。ゲロ吐きそうだった。

最後に、今回は元ヒダリウマの山添が見に来ていてライブ終わりに僕が「何点だった?」と聞いたら山添は「70点です」と言った。さらに「その内の65点が最初の野田さんの前説です」と言った。なんか複雑だった。

そんなこんなで無事終わってよかった。

2012/09/05（水）こけなかった

配達中、自動販売機の前で若い女性が不審な行動をしているのを見かけた。

僕は「どうしたんですか？」と声をかけたら、女性は「100円が落ちて」と言った。

見ると、30cmくらいの溝の中に100円玉が落ちていた。

その溝にはグレーチングという網状の鉄の蓋がされていて手が入らない状態だった。

僕はとりあえずその蓋をはずそうとしたが、蓋は完全に固定されていてびくともしなかった。

どうしようか悩みながら、とりあえずその隣の蓋を持ち上げてみたら、それは簡単に持ち上がった。

そして僕はその蓋を外し、そこから手を突っ込んで100円玉を取ることにした。

溝の中は落ち葉と泥にまみれていたが、ここまで来たら引き下がれないので僕は溝に手を突っ込み、手がつりそうになりながらもなんとか100円玉を取ることに成功した。

僕はちょっと泥がついた100円玉を服で拭い、女性に「はい。取れましたよ」と言ってカッコよく女性の方を振り向いた。

そしたら女性は完全に缶コーヒーを飲んでいた。

嘘だろ、と思った。

僕が溝の中に手を突っ込んでる間、缶コーヒーを買い、そして飲んでいた。

さらに女性は「なんかありがとうございます」と言った。

僕は腹いせに中指に100円玉を乗っけて渡した。

これにはファックの意味がこめられている。

しかし伝わる訳もなく女性は小走りで去っていった。

こけろ、と思った。

2012/09/12(水) ドッキリがうまくいかず変な感じになった話

劇団ムゲンダイのなんかの撮影で、みんなで多摩川に行った。

そのとき、元ヒダリウマの山添が遅刻していて、せっかくだからドッキリをしようという話になった。

打ち合わせの構想では、まず僕が隠れていて、遅れてきた山添にクレオパトラ長谷川さんが珍しくキレる。

さらに桑原さんもキレて「みんなとっくに来てんぞ」と怒鳴り、そこに僕が「さーせん遅れました」とやってくる。

すると皆は「いいよいいよ。じゃあ始めよう」となにごともなかったかのように撮影を始める。その後僕が「ドッキリでした」とネタバラシ。

という簡単なドッキリだ。


そしてソワソワしながら山添を待っていたが、思った以上に山添が遅く全員暑さでへばっていた。

次第にドッキリのことも忘れ始めた頃に山添が「すいません。遅れました」とやってきた。


みんな焦った。まず僕が隠れていない。

これだと構想通りいかない。これはもうドッキリ中止にするか？　と長谷川さんを見たら長谷川さんは「おい山添。今何時だと思ってんだ」と既にドッキリを始めていた。

どうするんだ？　と僕はチラチラ桑原さんを見たら桑原

さんは「ほらっ野田君も怒ってるぞ」と急に無茶ぶりしてきた。

僕は頭が真っ白になり「山添。上着脱げ」と意味のわからないことを言った。

しかし本当に怒ってると思ってる山添は何も疑わず上着を脱いだ。

僕はどうしようか悩み「とりあえず走ってこい」と言った。

山添は「はいっ！」と言ってどこかへ走り出した。

山添の姿が見えなくなってから、皆で「どうする？」と話し合い、もう可哀想だからネタバラシしようということになり電話で山添を呼び戻した。

そして戻ってきた山添に対して僕は「じゃあ、ドッキリだったから。撮影始めよう」とふわふわしたネタバラシをした。

そしたら山添は「はぁ」と言った。

その後山添はドッキリの感じが抜けず、ずっとビクビクしていた。

申し訳ないと思った。

2012/09/19（水）母はうすうす気づいていた

家で昼寝をしていたら遠くの方からアラレちゃん音頭が聞こえてきた。

そういえばマンションの掲示板に町内会の祭りの張り紙がしてあったのを思い出した。

僕の中で祭りのときに一番テンションが上がる曲がアラレちゃん音頭だ。

この音頭を聞いたからにはとても眠れない。

僕はTシャツと短パンに着替え、母に「祭り行ってくるから何か買ってくるよ」と伝え、うちわを持って祭りへと向かった。

しかし意外に祭りがやってる場所は家の近辺ではないようで、とりあえず音のする方へと歩いた。

こんなことなら一度張り紙を見て場所を確認するべきだったと後悔しながら、次第に大きくなるアラレちゃん音頭に高まる興奮を抑えきれず自然と急ぎ足になった。

そして音のする方へとひたすら歩き続け、ようやく僕はスーパーの駐車場へと辿り着いた。

アラレちゃん音頭は間違いなくここから聞こえる。

そして僕はさらに音のする方へと近づき、駐車してある車からアラレちゃん音頭が流れてることを確認し、スーパーで焼き鳥を買って帰った。

帰り際に祭りの張り紙を見たら、先々週に終わっていた。

2012/09/26（水）でも得するタイプ

京急で脱線事故が起きた。

毎日使う電車なのでビックリした。

実際に乗っていた人の中には3ｍも吹っ飛んだ人がいるらしい。恐ろしい限りだ。

バイト先では京急が止まったせいで、かなりの人が仕事場に来れない状況となった。

そして先輩はそれとは一切関係なしに普通に30分遅刻し

てきた。

課長は電車が止まったせいで遅刻してきたと思い、先輩に「大変だったね」と言った。

先輩は「はい。走ったんで汗かいちゃいました」と言った。

課長は「ごくろうさん」と言った。

たぶん何か勘違いしてると思い、僕は先輩に「京急止まってみんなまだ来てないんですよ。ラッキーでしたね」と言った。

そしたら先輩は「なるほどね。なんで目覚ましセットし忘れたの課長知ってるんだろって不思議に思ったよ」と言った。

こいつはアホだと思った。

2012/10/03（水）後ほど

まず郵便局のバイトをやめることになった。

詳しいことはまた後ほど話すとして、それに伴い一人暮らしをすることになった。

とりあえずそれも後ほど話すとして、それに伴い環境も変わることだし禁煙でもしようということになった。

それについては後ほど触れるとして、一人暮らしするために部屋を整理しようと思い、本を全部売ることにしたのさ。

そしたら僕の涼宮ハルヒシリーズ全巻と化物語シリーズ全巻が1000円くらいにしかならなくて、イライラして、落ち着くためにタバコ吸っちまったぜ、こんちくしょう、という話。

> なんだかうかれてるのが文章からわかる。

2012/10/04（木）一人暮らしへの道「そういえば糞野郎だった」

というわけで、今月はいつもの日記と並行して「野田クリスタルの一人暮らしへの道」をお届けすることにする。

まず一人暮らしをする前に、一人暮らしをしている人からいろいろ話を聞く必要がある、と僕は思った。

そして身近で一人暮らしをしている人間といえば相方になってくるわけで、僕と収入もほぼ同じなので、一人暮らしのコツを聞いてみた。

村上は「自炊すれば余裕」と言った。

僕は「じゃあおまえは自炊してるの?」と聞いたところ、村上は「してる」と答えた。

僕は「じゃあおまえ生活余裕なの?」と聞くと村上は「見たらわかるでしょ。きついよ。バイトしてるよ」と答えた。

僕は「え? 自炊してるなら余裕なんだろ?」と聞くと、村上は「食費で月10万以上いってるから」と答えた。

さらに村上は「最悪お金なくなったらスロットっていう機械で7、8万稼げば余裕」と言った。

僕は「あっもういいや。ありがとう」と言ってその場を去った。

2012/10/05（金）一人暮らしへの道「むしろ楽しみはそれだけ」

一応一人暮らしをすることになった経緯を軽く説明する。

まず1年くらい前にバイト先の課長に呼び出され「君休みすぎ」と言われ、あっこれはクビになるなと思った僕は

「僕の代わりが新しく入るまでバイトやらせてください」と言った。

新しい人なんて1年に1回くらいしか入ってこない。1年後になったら課長もこのことを忘れているだろうと思い、そう言ってその場を凌いだ。

そして1年後、すっかり僕自身がそのことを忘れていた頃に新しい人が入ってきて、僕はその新しく入った人に「ともにがんばろうな」と笑顔で言った矢先に課長に呼び出され、「じゃそんな感じで」と言われ、実質クビになった。

そして家に帰ると、父親に「お父さん定年退職したから、おまえの部屋頂戴」と言われ、母に「男なら一度は家を出るべき」という謎の格言で追い出される形になった。

できれば一生実家でのんびり暮らそうとしていた僕にとっては、この一人暮らしは憂鬱で仕方がない。

とは言え、初めての一人暮らしに多少の興奮と期待に胸を膨らませてもいる。

まず一人暮らしをしたら37インチの大画面に何を気にすることもなくAVを流してみたい。

ここまでクビにならなかったのが不思議なくらいで、郵便局には本当に迷惑をかけていた。

2012/10/10(水) ライター的な禁煙している。

先日、夜中に目が覚めタバコを吸いたい衝動に襲われた。家のなかをウロつき、なんでもいいから肺に入れたくなってトイレに置いてあったラベンダーの消臭ポットを顔に近づけ思いっきり吸い込んだ。

そしたら意外に体が落ち着いた。

これは良い禁煙道具を見つけたと思い、しばらくトイレの中で消臭ポットの香りを吸っていた。

そしたらドアが開いた。母だった。

僕は説明がめんどくさくて、無言でトイレを出た。


そして母がトイレを出ていったのを見てから、また消臭ポットを嗅ぐためにトイレの中に入った。

そしたら消臭ポットが高い位置に置かれていた。

いや取れるわ、と思った。


「一人暮らしへの道」はこれで静かに終わった。はしゃいでる自分に気づいた。

2012/10/17（水）3時間980円

ついに家が決まった。

これから部屋の内装を決めていくことになる。

どうせ住むんだから自分が過ごしやすい部屋にしたい。

まず僕とパソコンは切り離せない。これは確実に置く。

狭い部屋だが性能にこだわるのでデスクトップを置く。

次に漫画をたくさん置く。

パソコンばかりしてると電気代がかかるので漫画も置けるだけ置く。

そして欠かせないのがリクライニングチェア。これがあれば漫画やパソコンをしながら疲れをとることができる。

さらに豊富な種類のドリンクを用意し、照明は薄暗くする。

最後に表札に「ＭＡＮＢＯＯ！」と書けば完成だ。

この部屋の最初のお客さんは間違いなくしいはしジャスタウェイになるだろう。

2012/10/24（水）卒業

およそ7年勤めた郵便局のアルバイト。

昨日が最後の出勤となった。


先輩はもちろん、お世話になった配達先の方々にも挨拶を済ませ、僕は最後の郵便を配り終えた。


最後に課長のもとへ行き「今まで本当にお世話になりました」と深々と頭を下げた。

すると課長は僕の肩に手を置いてこう言った。

「よくアイドルグループとかって辞めるって言わずに卒業って言うだろ？　俺はあれって素晴らしいことだと思うんだ。野田もこのバイトを辞めるんじゃなく卒業して、新たな道へ進むんだ。頑張れよ」

僕は涙を堪えながら「はいっ」と返事をした。

課長はまるで卒業を見送る教師のように和やかな顔をしながら、僕に契約書を渡し「じゃあこれに辞めるって書いて印鑑押して」と言った。


涙が溢れ出した。

> 7年勤めたわりに最後ぬるっとしてた。

2012/10/31（水）仁王立ちで空を見上げながら

仕事の入り時間の30分前に起きた。

急いで家を出たら5分前に着いた。

泣いた。

これまで実家から2時間かけて通ってた。

2012/11/09（金）近況

夜中隣の家から「トトトトトン」という手裏剣が壁に刺さったときの音がする。
あとこの前隣のベランダに黒装束のようなものが干されていた。
もしかしたら隣の人は忍者かもしれない。

2012/11/14（水）まず山西に失礼

一人暮らしを始めて2週間が経った。

母の手料理が懐かしくなり、家の温もりが恋しくなり、家族の笑い声を聞きたくなった。

いくら頑張って料理をしても母の手料理にはかなわないし、いくら部屋の温度を上げても孤独であることの寂しさは消えやしない。

失って初めて家族の大切さというものを知った。

東京の冷たい風に打たれながら、誰もいない真っ暗な部屋へと帰る。
家に帰ったはずなのに僕は「家に帰りたい」と呟いた。
家に帰りたい。
僕が生まれ育った、あの横浜に帰りたい。

そして僕は横浜への思いが高まりすぎて、たまらずパソコンを起動させ、インターネットで横浜と検索をした。
このホームシックを和らげるために何でもいいから横浜を見たかった。

そしてたまたま「横浜でナンパをして、素人GET」という内容のAVを見つけた。

決してやましい気持ちなんかじゃない。

このAVを見たら横浜の映像が見れて、このホームシックが少し和らぐんじゃないかと思い、僕は1980円でこのAVをダウンロードした。

高くない。これで僕のホームシックが和らぐのだから。

そして高まる興奮を抑えながら再生したら、始まって30秒くらいでトンファーの山西みたいな女が出てきて速攻で消した。

見なきゃよかった。二度と横浜なんか帰るかと思った。

2012/11/21（水）いや、本当に来てほしい

小倉単独がまるで売れていない。

何故売れないのか？

もしかしたらみんな小倉単独に来たらもらえる、あの特典のことを知らないんじゃないだろうか？

ということで小倉単独に来たらもらえるあの特典を改めて発表しようと思う。

・村上がずっと握りしめていた石
・村上の汗
・村上を連想するもの
・村上の火曜日の汗
・村上の汗入れ
・村上ターバン（アイボリー）
・村上ターバン（ブラウン）
・村上ターバン入れ

・村上ターバン保証書

以上です。

もしかしたら当日全部用意できないかもしれませんが、ご了承ください。


村上ターバンってなに？

2012/11/29（木） 忘れられた誕生日

昨日は僕の誕生日だった。

神保町の公演初日が終わり、その後楽屋で出演者の方々から誕生日を祝ってもらった。

おいしそうなケーキと、僕は飲めないが他の出演者の方々には神保町花月からビールが振る舞われた。

後輩たちからも「お誕生日おめでとうございます」と祝われ、僕は「ありがとう。ありがとう」とただただ感謝した。

しばらく時間が経つと、その日は公演初日ということもあって今日の出来について出演者同士で語り合った。

さらに演出家の方からのダメ出しや、誰のどこがウケたかなどを語り合い、酒も進んで2時間くらいが経過した。

そろそろお開きにするか、ということになり皆が後片付けを始めた。

そして囲碁将棋の文田が立ち上がり「いやー。たまには打ち上げもいいいね」と言った。

いつの間にか打ち上げになっていた。

2012/12/06（木） いや、ちゃんと拭いたよ

無限大ホールの楽屋のトイレは狭いのでお客さんが使うトイレをたまに使う。

そのお客さん用トイレで大便を済ませたところ、隣の個室から「すいません。トイレットペーパーありますか?」と聞かれた。

僕は「あっはい」と返事をした。

そして隣の人が「すいません。上から投げてくれますか」と言ったので僕は「わかりました」と言った。

もしも僕がいなかったら大変だったろうに、と思いながら自分のところのトイレットペーパーを取り出そうとしたら、こっちもトイレットペーパーがなかった。

芯すらなかった。

僕は「こっちもないです」と言った。

隣の人は「ええ!」と言った。

そしてしばらく無言の時間が流れた。

僕は焦っていた。

出番を控えていた。

僕は止むを得ずトイレを流して、そのままパンツを穿いて個室を出た。

すると隣もトイレを流す音が聞こえた。

おそらく「あっ隣がいったなら俺も」みたいな感じになったんだと思う。

そして僕は洗面所でその隣にいた人と顔を合わせた。

凄まじく気まずかった。

ケツを拭いてない2人がこうやって顔を合わせることも気まずいし、この後この人が見るライブに僕が出るということも気まずかった。

なので僕はすぐにトイレから出た。

その後、自分の出番でネタをやっている途中ふと客席を見たら、さっきの男性を見つけた。

ケツを拭いてないという要素が加わっている分、その男性は大爆笑していた。

おまえもだぞ、と思った。

その男性は片ケツ上げながら見てた。

2012/12/12(水) なんでこんなの思い出したんだろう

一人でファミレスに行ったとき、ふと高校時代を思い出した。

高校生の時、僕はファミレスのキッチンのバイトをしていた。

そのファミレスには「チン神(ちんがみ)」と呼ばれているパートのおばさんがいた。

チン神とはキッチンの神様の略で、とにかく仕事ができることからそのアダ名がついた。

バイトの休憩中、そのチン神と休憩室で一緒になったことがあった。

特に話すこともないので置いてあった雑誌を読んでいると、チン神がタバコを吸いながら僕に「あんたチイさんの息子さんなんだってね」と言った。

僕は「え、うちの母を知ってるんですか?」と聞くとチン神は「前にあんたのお母さんがいるファミレスで働いてたからね」とタバコの煙を吐きながら言った。

実は僕の母もファミレスのキッチンで働いてる。

僕は「へぇ。そうだったんですか」と言うとチン神は「まぁそれにあんたのお母さんは有名だしね」と言った。

僕は「え？　なんでですか？」と聞くとチン神はタバコの煙をゆっくり吐いてから話し始めた。

「ある日あんたのお母さんがひとりでキッチンをやってるときがあってね。それ自体は珍しいことじゃないわ。平日の夕方なんかはお客さんが少ないからひとりで大丈夫なのよ。でもその日は運悪く団体さんが入ってね。しかもなぜかみんなでパフェを頼んだのよ。パフェ13個よ。普通は応援を呼ぶわ。でもあんたのお母さんは作ったのよ。パフェ13個を。しかも15分以内にね」

僕は「はぁ」と言った。

チン神は「それ以来あんたのお母さんは周りからパフェの野田って呼ばれてたわ」と言った。

僕は「パフェの野田っすか」と言うと、チン神はタバコの火を消しながら、もう片方の手で口元を隠し「くっくっく」と笑ってこう言った。

「変なアダ名よね」

チン神の方がやばいよ、と思った。

2012/12/20（木）ただの告知

浅草花月の方から急にメールが来たので見てみたら「廃校ですか？」と書かれていた。

完全に野田スクールクリスタルのことを忘れていた。

ということで2月3日に野田スクールクリスタル復活です。いえーい。

2012/12/26（水）よく我慢した方

とある会社に問い合わせをしたとき、自分のパソコンメールアドレスを口頭で伝える場面があった。

僕はnodacrystal@○○○というアドレスをオペレータに伝えたところ、オペレータは「それでは復唱させて頂きます」と言った。

僕は「はい」と言うとオペレータは1文字ずつ確認を始めた。

「ニッポンのn」

「オオサカのo」

「ダンスのd」

「アジアのa」

「えー。カットのc」

「えー。アール？　えー、あっロックのr」

「ワイは、えー、ワイはですねー、少々お待ちください。ワイワイワイ、あっ、あー違うか。ワイ、えーあっイヤーですね。年のイヤー、のy」

「エス。エスエスエス。あっはいサッカー」

「ティーね。ティーティーティー。えーティーね。ちょっとお時間もらっていいですか。ティーはですね。えー。ティー、チャー。ティーチャー。出ました。ティーチャー」

「そして、えーと。エーは。エーは、あっアジアですね。さっきやりましたね。アジアです」

「で、エル。エルは、あっていうかこれ、このアドレスクリスタルですね。クリスタルのエルですね。あっクリスタルはc、あっまぁいいや」

「でお間違えありませんでしょうか？」

僕は電話を切った。


仕分けしてないのが少しさびしい。

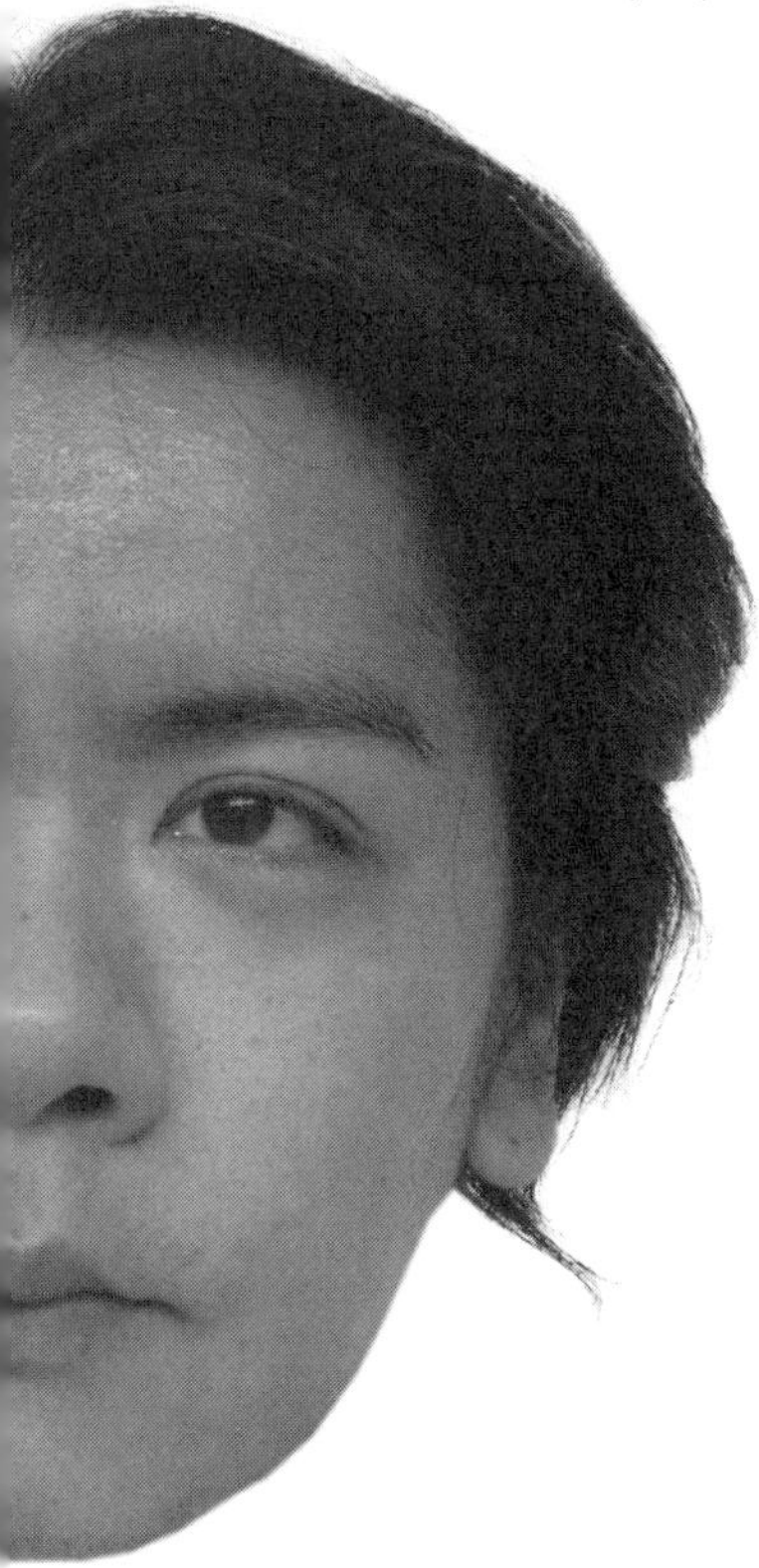

NODA'S DIARY

2013

2013年

2013/01/03（ホ）新年の挨拶

高校生のときも年末年始は郵便局でアルバイトをしていたため、およそ11年ぶりに年賀状を配達しない元旦を迎えた。

毎年誰かが「なんだか今年は年明けって感じしないな」と言っていて、僕はそれを聞くたびに「なに正月に浮かれてない感じだしてんの。誰にだしてんの」と思っていた。

しかし僕の今年の年明けは違う。

先週の日記を読んで頂きたい。

先週は2012年最後の日記だ。

それなのに内容は「とある会社のオペレータにメールアドレスを言って復唱してもらったら、そのオペレータが変な感じだった」という本当にマジでどうでもよい話だ。

先週の日記を改めて自分で読んでみて、このHPごと消そうかと思ったほど悔やんだ。

年賀状の仕分けをしていないので、年末ということを完全に忘れていたのだ。

そしてBBSを開くと年明けの書き込みが1件のみ。

それもそのはず。先週の日記は「とある会社のオペレータにメールアドレスを言って復唱してもらったら、そのオペレータが変な感じだった」というマジで一旦消していいいこれ？　と思うような内容だったからだ。

このHPを作ってから来月で7年が経つ。

年々「誰かこれ見てるの？」という状態になっていって

はいるが、今年も魔法のｉらんどで日記を書き続けていこうと思います。

ということで2013年も野田の日記をよろしくお願いします。

2013/01/09(水) 5連休

昔、『世にも奇妙な物語』で見た話。

ある男が砂漠で遭難し、その砂漠の中でオアシスを見つけ無事生還を果たすが、しかし元の生活に戻っても異常に喉が渇いたり、砂漠の砂の幻を見たりする。

ふと気がつくと男はあの時の砂漠に横たわっていた。

実はその生還を果たしたという事実が幻で、見つけたオアシスは既に干からびていて、生還した後の生活はすべて砂漠の中で死ぬ直前に見た自分の妄想だった、という話。

高校生のとき、家にあるダンベルで筋トレをしていた。

ある日、あぐらをかいた状態でダンベルを持ち上げようとした瞬間、ダンベルが僕の手から滑り落ちた。

そのダンベルはあぐらをかいていた僕の股の間に落ちた。

スレスレでダンベルは睾丸をかわし、ことなきを得た。

しかし数年経った今でもダンベルを見ると「もしダンベルが僕の睾丸を押しつぶしていたら」と考えてしまい足に力が入らなくなったり、卵を見るだけであの瞬間を思い出したりする。

僕はふと思うのだ。

僕はあの瞬間、実は金玉が潰れていたんじゃないだろうか。

　今僕が過ごしている日常はすべて妄想で、本当はあの瞬間僕の金玉は潰れ、病院に運ばれ、なんか点滴みたいのを打たれているのではないだろうか。

　妄想から覚めると、僕は病室のベッドに横たわり医者が僕の母に僕の金玉のレントゲン写真を見せ「今夜が山です」って言ってるのではないだろうか。

　レントゲン写真を見せながら潰れてる部分をペンでぐるっとなぞり「この辺りまで潰れてますね」って言うんじゃないだろうか。

　母はそれを聞いて「そんなに潰れてるんですか」って言うんじゃないだろうか。


「そんな馬鹿な」

と思いながら僕は寝床につく。


　しかしいつも寝る前に「覚めないでくれ」と念じながら眠りについている。

2013/01/17(木) こっそりー1GP

こっそりR－1に出てこっそり落ちさせて頂いた。

　R－1に限らず、こういう大会ものには必ずカメラでの取材が来ており、その取材の方はネタが終わった人にインタビューをする。

　しかしそのインタビューは全員にするものではなく、その日ウケた人にインタビューをする。

　つまりネタが終わった後インタビューが来るか来ないかは、予選通過したかどうかの良い判断材料になるわけだ。

　R－1、2回戦。

自分の出番が終わり、思ってたよりは良かったなと思いながら楽屋に戻ったが僕に取材は来なかった。

あぁ無理だったか、と思いながら帰る準備をしていると、同じブロックに出ていたエレベーターマンション大塚がカメラの前でコメントをしていた。

僕だけでなく、楽屋にいた他の芸人も「うわっ、あいつら取材来てやがる」と大塚たちをチラみしていた。

どの大会でも後輩が取材を受けてるのを見るといつも落ち込んでしまう。

僕はさっさと帰ろうと荷物を持ち上げチラッと大塚の方を見た。

そこで僕は大塚を撮っているカメラがハンディカムであることに気づいた。

大会の取材でハンディカムを使うわけがない。

僕は大塚に「何してるの?」と声をかけたら大塚は「あっちょっと思い出に」と言った。

しっかりと大塚も落ちた。

2013/01/23(水) 好井三昧

さ~て、次回の野田スクールクリスタルは?

野田です。

な~んかお腹の調子悪いなと思ったら、お腹の調子悪くさせるアッパーを食らってました。トホホ。

さて次回は?
・好井、口からなんか変なもんが出てくる
・好井、なんか変なもん出たーと叫ぶ

・好井、そのなんか変なもんに名前をつける

の3本です。


来週も絶対見てくださいね。

ジャンケンポン。

はい勝った。

はいっ　困ったときの好井。

2013/01/31(木)運動会さん訪問

村上が昔、前の彼女さんと家で例のアレをしてたところ、それがドンドンうるさかったようで下に住んでいたアパートの大家さんが注意しに来たらしい。

その注意の仕方が、ドアをノックして「運動会でもやっているのかしら？」と言って去っていくというものだったそうだ。

僕はそれを聞いて何かオシャレな注意の仕方だな、と思った。

この前、上の階の住民が女性を連れ込んでワイワイしていた。

そして途中話し声が止まり、なにやらドンドンし始めた。どうやら例のアレをしているようだった。

僕はこのとき、その村上の話を思い出し「よし。ドアをノックして運動会でもやってるんですか？　と言って注意してこよう」と思った。

そして僕は上の階の住民の玄関の前に立った。

しかしいざ注意しようと思うとなんだか緊張してくる。

もしかしたら例のアレをしているわけではないかもしれ

ない。

やっぱりやめようか？　と思ったが、しかし注意しないといつまで経ってもうるさい。

やるしかない。

僕は意を決してドアをノックした。

そして僕は「運動会ですけどもー」と言った。

僕はダッシュで下の階に降りて自分の家に戻った。

僕はすべてを忘れるために布団に包まり寝た。

でも一応ドンドンは止まった。

村上のセックスの話は本当に聞きたくない。

2013/02/07（木）若干ぬるくなっていた

駅のホームで電車を待っていたが、僕はあまりの寒さにあったかい缶コーヒーでも買おうとキオスクに向かった。

棚から缶コーヒーを取り出し、キオスクのおばちゃんにそれを渡した。

おばちゃんは「120円だよ」と言った。

僕は財布から小銭を取り出そうとしたが、手がかじかんで取り出すのに手間取っていた。

あぁきっとおばちゃんイラついてるだろうなと、ふとおばちゃんの方を見た。

するとおばちゃんは僕の缶コーヒーで手の甲を温めていた。

いやそれは駄目だろおばちゃん、と思った。

思ったが、こんな寒い中ずっとここで働いてるおばちゃんのことを考えると文句は言えなかった。

僕はもう少しだけ小銭を出すのを手間取った。

そして僕は120円をおばちゃんに渡し缶コーヒーを受

け取った。

おばちゃんは「用意しといてねー」と言った。

僕は「あい」と言った。

2013/02/13（水）カービィ秘話

野田スクールクリスタルで星のカービィのネタをやったが、あのカービィの衣装を作るのに手間がかかった。

衣装自体はピンク色のポリ袋にカービィの目と口をつけた簡単なものだったが、絵が描けない僕はまずネットでカービィの画像を探しそのカービィの画像の目の部分だけを拡大して、その拡大したカービィの目をCD－Rに保存し、コンビニのコピー機を使って印刷した。

しかしその印刷をするとき、コピー機の調子が悪かったのか印刷したものが出てこなかった。

僕は店員さんを呼び「すいません。なんかコピーできないんですけど」と言うと店員さんはコピー機を見て「あー詰まってますね」と言ってコピー機をあけた。

そしたら中からグチャグチャになり、所々にある折り目が充血で血走ってるように見えるカービィの目が出てきて、店員さんは一瞬「えっ」と固まった。

そして店員さんは僕の方を見て「これはお客様の？」と聞いてきたが、僕は思わず「いやっ違いますね」と言って、CD－Rを取り出し逃げるように去った。

なんか知らないが店員さんは汚い物を触るみたいにカービィの目を指でつまんで捨てていた。

2013/02/20（水）あと使いかけの春雨も入っていた

一人暮らしを始めて4ヶ月近くになるが、未だにろくなものが作れず、ほぼ毎日うどんを食っている。

そんな僕に母から小包が届いていた。

届く前にメールで「一人暮らしが心配だったので食べ物

を仕送りしました。ちゃんと栄養つけて！」と母から送られていた。

僕は「心配しなくてもちゃんと食べてるよ」と返信した。

母の心配性も困りものだが、内心とてもありがたかった。「早く自立しなくちゃな」と思いながら今回は母のやさしさに甘えさせてもらい、僕は小包の封をあけた。

中にはうどんが入っていた。

今夜は出汁を変えてみた。

2013/02/28（木）大好きです

普段あまり喋ったことがない後輩のジェラードンかみちぃとバスケの話で盛り上がり、かみちぃが「芸人で集まってバスケやってるんですけど来ますか？」と言ったので僕は「ん〜どうしようかな。行けたら行くわ」と返事をし、その帰り僕はバスケットシューズとヘアバンドを買い、家の中で「ダムダム、キュッスパッ」と言いながらエアーバスケをした。

そして当日。

朝の9時にかみちぃと駅で待ち合わせて体育館へ案内してもらった。

中に入り、かみちぃは「まだ誰も来てないみたいですね」と言って更衣室に入って行った。

僕は更衣室で「やっぱりヘアバンドはテンション上がり過ぎと思われないか？」と鏡の前でヘアバンドを着けたり外したりしていた。

最終的に僕はヘアバンドを着け、バスケのコートに勢いよく入り、かみちぃに「ヘイパスパス」と叫んだらかみちぃは時計を見ながら「おかしいですね」と言った。

僕は「なにが？」と聞くと、かみちぃは「この時間に誰も来ないってことは誰も来ないかもしれないです」と言った。

僕は笑いながら「いやっ誰も来なかったらおまえとずっと2人でバスケやることになるだろ」と言った。

2時間後。

僕とかみちぃは広いコートの中で壁にもたれ座っていた。

かみちぃは「なんか来ない感じはあったんですよね」と言った。

僕は「いやっこれコートもったいなさ過ぎるだろ」と言った。

かみちぃは終始申し訳なさそうだった。

でも僕は笑顔だった。

久しぶりにやったバスケはやっぱり素晴らしかったからだ。

2013/03/07(木)アルトバイエルン

たまには自炊しようとスーパーに行ったとき、ソーセージの試食をやっているのを見て、ある思い出が蘇った。

小学生のとき、僕は「試食マスターひかる」と呼ばれていた。

普段は地元のスーパーの、店員が見ていないようなたくあんなどの試食を食い荒らしていたが、ある日からそのスーパーでソーセージの試食が始まり僕の小学校ではお祭り騒ぎになった。

しかしソーセージの試食は店員が焼いて手渡しで客に差し出してるため、基本的には一人ひとつしかもらえない。

そこで僕はある作戦に出た。

まず僕はソーセージの試食の方へ一直線に歩き、1つ目のソーセージをもらった。

次に僕は若干を顔を伏せながら他のお客さんに交ざって2つ目をもらった。ここまではセオリー通りだ。

そして問題の3つ目。

僕はフグのモノマネをした。

顔をパンパンに膨らまし、若干寄り目になりながら「さっきの子とは別の子」と思わせようとした。

僕は2回目同様他の客に交ざりながら試食へ向かい、フグ顔でさりげなく3つ目をもらおうと手を伸ばした瞬間、店員さんは僕の手を掴み、目の奥が笑ってない笑顔で「もうだめだよ」とささやいた。

フグの顔をしていた僕の顔は一瞬で泣きっ面になり、あまりの恐怖に「ああああ」と叫んだ。

そしたら店長らしき人が飛んできて店員さんは裏に連れて行かれた。


あの日以来、店員のおじさんは見なくなった。

できることならもう一度会って謝りたい。

2013/03/13（水）長い話

前にバスケをやったと日記に書いたが、その翌日に膝が痛くなって病院に行った。

受付を済ませ、少し待つと名前を呼ばれ奥へ入った。

その病院の診察室は3つあり、そのどれかの診察室が空くまで診察室前にある丸椅子に座り待っていた。

そして名前を呼ばれ診察室に入り、医者は膝を軽く触り「少し腫れてますが骨に異常はないでしょう。念のためにレントゲンを撮りましょう」と言った。

「はい」と返事をすると医者は「それでは待合室でお待ちください」と言った。

僕は診察室を出て待合室に行こうとしたが、そこで僕は「待合室とはこの診察室前の丸椅子が置いてある空間のことなのか、受付で名前を呼ばれるまで待つあの空間のことなのか」で悩んだ。

もう一度診察室に入って医者に聞けばいいのだが、僕はこういうときのプチ度胸がなく、「すぐ呼ばれるだろう」と思い診察室前の丸椅子に座った。

そして10分ほど経ち「こんなに待つものだろうか」と疑問を抱き始め、「もしかして待合室とは受付で名前を呼ばれるあの空間のことを言っていて、もう既に待合室では僕の名前は呼ばれていたが、僕がそこにいなかったためスルーされているのではないだろうか」と不安になり始めた。

そこで僕は受付に行き「野田ですが、まだですか」と聞くと受付の人は「野田さんですね。ではこちらにお名前をご記入ください」と言われそこに名前を書き「ではお呼びいたしますのでお待ちください」と言われた。

僕はこのとき「たぶん受付の人は僕がまだ受付を済ませていない人だと思って対応したんだろうな」ということに気づいたが、もうこのあたりでどうでもよくなって待合室のソファで座って待っていた。

そしたら「診察室に案内する人」と「レントゲンの準備ができたので案内する人」の2人から「野田さーん」と呼ばれ、なんだか説明するのがめんどくさくなり「どっちも野田です」と訳のわからないことを言った。

高速で回転して、ドリルのごとく地面の奥をどんどん掘り進み地中へ消えてなくなりたかった。

2013/03/21(木)ポエマー野田

手相を占ってもらったら「あなたは芸よりも文才の方があるわ」と言われ、「あっ日記書いてるんですよ」と言ったら「日記とかどうでもいい。ポエム書きなさい、ポエム」

と言われたので、今日はポエムを書いてみた。

・1作目
下を向いて歩くのも
悪くないさ
誰かが落とした幸せが
落ちてるかもよ
ちなみに僕は酸っぱいもの食べると
舌に変なできもんできるっていう
体質だけど

・2作目
笑ってほしいだって？
簡単さ
君が笑えば
僕も笑うよ

今酸っぱいもの食べて
舌に変なできもんできてるけど

・3作目
泣かないで
泣いてる君を見てると
僕まで泣きたくなるよ
酸っぱいもの食べて
舌に変なできもんできてるからっていうのも
あるけど

・4作目
なんで歩いてるかだって？
風が気持ちいいから
そんな理由じゃ
駄目かな？

舌に変なできもんできてる
僕が言うのも
なんだけど

・5作目
舌に
変なできもん
できるよ

ポエムってなに？　と思った。

2013/03/27（水）綺麗にまとめた

無限大ホールには最近たくさん知らない後輩が増えた。なのでまったくネタは見たことないがコンビ名が気になる後輩を勝手に紹介していこうと思う。

顔色よろしわろし
↓日によるだろと思う。

今夜すぐ寝る・すぐ起きる
↓顔色よろしわろしのよろしとは仲が良さそう。

はく米げん米
↓げん米の方は顔色よろしと仲が良さそう。

マイクタイム
↓漫才やられたら何かちょっと照れる。

ナマイキボイス
↓ハンター×ハンターの技名でありそう。

ゴン
↓ハンター×ハンターに出てそう。

アンビシャス
↓僕の前のコンビのコンビ名。恥ずかしくなる前に改名した方が良い。

にぎやかな風
見たこともない鳥
ささやかな祈り
↓この3組が続くと詩かと思う。

ぼくのユリゲラー
↓ヤンマガの新連載っぽい。

ヤニクラッシュ
↓顔色わろしと仲が良さそう。

皆様も気になるコンビ名をチェックし無限大ホールにお越し頂いてはいかがでしょうか?

2013/04/04(ホ) 臭くないやつが出た

たまにトレーニングジムに行く。
トレーニングジムと行っても区が運営している小さなジムで訪れる人はみんな中高年のおじさんばかり。
そんな場所に普段見かけないような綺麗な若い女性がやってきた。
普段おじさん達は鼻水垂らしながら肩にかけたタオルで額を拭い「ふひーふひー」と言いながらトレーニングしているのにも拘わらず、この日はみんな顎を引き眉間にしわを寄せ男前にトレーニングをしていた。

僕は「なさけねーな」と思いながらジムの隅っこの方で顎を引き眉間にしわを寄せながらトレーニングしていると、その女性がトレーニングマシンの周りをうろうろしているのを見かけた。

僕は全身に力を入れムキムキにしながら「使い方教えましょうか?」と聞いた。

すると女性は笑顔で「あっいいですか」と返事をした。

僕は普段の重量よりもプラス10kgくらいの重さでそのマシンを使い、無理やり鼻呼吸で疲れてないフリをしながら「こんな感じです」と言った。

女性は笑顔で「ありがとうございます」と言った。

僕はこのとき「あれあれ。おいらに惚れちゃってんじゃないっすか」と思った。

その後僕はまた隅っこでトレーニングをしながらチラチラとその女性を見ていたら、いきなりこのジムに2m近くのムキムキの白人がやってきた。

一瞬にしてジムの中の空気が張り詰め、おじさん達と僕は全員下を向いた。

そしたらさきほどの女性が外国人のもとへ駆け寄り英語で会話し始めた。

その様子は明らかにカップルだった。

その後外国人はすべてのトレーニングマシンを最大重量で軽々と使い、息も切らさず女性とともにジムを去っていった。

僕は我慢していた屁をこいた。

静まり返ったジムの中ではよく響いた。

2013/04/11(木)でも彼が少し痩せていたことはいじらなかった

久しぶりに服を買った。

しかもチェーン店じゃない。個人経営のおしゃれな感じのところで買った。

普通のシャツが1万円とかしてビビッてる中、黒いパーカーが4000円で売っていて、普段なら4000円でも高いと思って買わないが、なんか安く思えて買った。

それを着て無限大ホールに行った。

久しぶりに新しい服を着たもんだから、なんだか凄く緊張しながら楽屋に入った。

ダサいとか言われないか？　とか心配していたが、それ以前に誰も僕の服に触れなかった。

それもそのはず。自分で見ても別にいじるほど変なパーカーじゃないし僕が普段着なさそうな感じでもない。

こんな普通のパーカーはスルーして当然だ。

4000円の使い道は本当にこれでよかったのか？　と自問自答していると村上と会った。

村上は僕は見て「うわっ見たことないパーカー着てる」と軽くいじった。

僕は「その言い方なんだよ」と言い返した。

心の中で「サンキュ」とささやいた。

2013/04/18(木) 猫カフェに行きたいが友達がいない

家の近くにペットショップを見つけたので寄ってみた。

その店は犬のみを扱ってるお店で、猫派の僕としては少し残念だったが、見てると癒されるので僕はケースの中でスヤスヤ眠る子犬をただただじっと見ていた。

すると若い女性の店員さんがケースからその犬を取り出し「どうぞ抱いてあげてください」と僕に差し出した。

スヤスヤ眠ってたのにいいのかな？　と思いながら、その子犬を受け取ると犬が尋常じゃないくらい震え出した。

店員さんは子犬に耳を近づけ「うんうん。お兄さんに飼ってほしいねー。うんうん」とガクガク震える子犬と謎の会話をし始めた。

僕は「めちゃくちゃ震えてるんですが」と言うと店員さんは「なんでですかねー」と言った。今会話してたんだから聞けるんじゃないかと思った。

店員さんは「あっもうお兄さんから離れなくなっちゃいましたねー。お兄さんのこと好きなの？　ねぇ、好きなの？」とガクガク震える子犬をわしゃわしゃし始めた。

さすがに可哀想になってきたので僕は店員さんにその犬を返した。ちなみにすぐ離れた。

僕は「すいません。わざわざ出して頂いたのに」と言うと店員さんは「この子もすごく喜んでくれたのでいいんですよー」と死んだ目をした子犬を抱きながら言った。

僕は「それじゃ」と店を出ようとしたら店員さんが「またねー」と子犬の手を掴んで振ろうとしたが、子犬がそれを頑なに拒み、最終的に犬ごと振っていた。

どっちも大変だな、と思った。

2013/04/25（木）暗転はしなかった

漫画喫茶に入ったとき、受付で僕の前に並んでいたシソンヌの長谷川みたいな奴が店員さんに「あっきみ新人さん？」とすごく上から目線で話しかけていた。

新人の男の店員さんは凄く気の良さそうな人で「あっはいそうです」と言うと長谷川みたいな奴は「そうなんだー。俺のこと、みんなから聞いてる？」と言った。

店員さんは「いやちょっと聞いてないんですが」と言うと長谷川みたいな奴は「俺のことこの店で知らない人いないから」と言った。

店員さんは「そうでしたか。申し訳ありません」と頭を下げると長谷川みたいな奴は受付に1万円出して「じゃっよろしく」と言って勝手に中に入っていった。

図々しいとかの前に、まずこの店は後払い制だ。

新人の店員さんも同じことを思ったようで長谷川みたいな奴を呼び止めようとしたところ、先輩の店員さんが「あー彼はいいんだ」と言った。

新人の店員さんは「あの方はｖｉｐなお客様なんですか？」と聞くと先輩の店員さんは「いや、彼この前お金払わず店出て行ったから先にお金もらってるんだ」と言った。

僕は「この店に知らない人がいないってそういう意味かーい」と思った。

他の店員さんがタイミングよく「どうもありがとうございましたー」と言った。

2013/05/02(木) トホホでござる

すごくピザが食いたくなり、たまたま「ピザがうまい」みたいな看板を見つけ、その店に入ってみた。

中に入ると一瞬で「間違えた」と思った。

そこは普通のＢＡＲで、ピザだけ食って帰るような店じゃなかった。

周りのお客さんはスーツの常連っぽい人ばかりで、汚いパーカーにロン毛の僕はちょっと浮いていた。

僕はカウンターに座り、どうしようか悩んだ。

そこでふと僕は、前に村上から「ＢＡＲで店員にこいつやるなと思わせる注文はジントニックだよ」と教わったのを思い出した。

僕は心の中で「ありがとうゼラチンお化け」とお礼を言い、店員に「ジントニック」と言った。

そしてジントニックが出てきて、クールな感じで飲み、僕はお酒が飲めないので半分くらいでゲロを吐きそうになった。

まだ店に入って10分くらいしか経ってないが、僕の「あーかえりてー」という気持ちがピークに達し、僕はおもむろに鞄からメモ帳とペンと出し、店員に見せるようにメモ帳に「★☆☆☆☆」と書いてお会計をした。

店員に「ジントニックの味が気に食わなくて店を出て行った」と思わせる戦法だ。

しかしそれを書いた横のページに「ヒーローになりたいよー」とネタのタイトルが書いてあり、すぐにノートをしまった。

帰りにコンビニでピザマンを買った。

2013/05/09(木) たぶん9番

5月14日の井下好井のトークライブで井下好井から重大発表があるらしい。

ゲストも豪華なのできっと本当に重大発表なのだろう。ということで僕はなんの重大発表なのか予想してみた。

・もうショートコントしかやらない

・実は井下好井じゃなくて井下好丼だった

・井下好井から「ケツの穴広すぎ兄弟・まさきまさお」に改名する

・井下は単2電池4つで動いてる

・好井のほくろは実は底が見えない穴だった
・井下がシャブ中
・好井が包茎手術する
・2人とも[redacted]
・新しい波16に出てました
・インポテンツ
・インポテンツ兄弟に改名する
・インポテンツを英語で書ける

このどれかだと思う。

観に行った方は是非報告してほしい。


3つ目だった。

2013/05/16(木) 5月18日は野田スクールクリスタル

劇団ムゲンダイの稽古中、西村ヒロチョがギャグマンガ日和を持ってきていて、ギャグマンガ日和は本当に面白いよなーという話を誰かがしていた。

そして誰かが「ギャグ漫画だったら稲中もめっちゃ面白いですよねー」と言い、周りは「わかるわかる」みたいに盛り上がった。

ジャンプを読みながらその会話をこっそり聞いていた僕は、自分も周りが思わず「確かにあれ面白いよね」と言ってしまうようなギャグ漫画を言いたくなり、記憶をさかのぼった。

そして僕は「なんかシンデレラのやつ面白かったなー」とぼやけた記憶を引っ張りだした。

何かで見たんだけど思い出せない、内容はなんとなく覚えてるんだけどそれが何の漫画だったか思い出せない。確かごつい男がシンデレラの格好をしてるのは覚えてる。

僕は周りの話題が変わってしまう前にちゃんと思い出そうと集中した。

たしかシンデレラが魔女に綺麗なドレスじゃなく圧倒的なパワーをお願いして、とんでもないパワーになったシンデレラがなぜか魔女と戦い、そして敗れ、最終的に魔女の魔法で「かぼちゃっ!」と言いながら頭が砕け散る、みたいな内容だったなー。

そこで僕は「あっこれインポッシブルのネタだ」とようやく思い出した。

僕は引き続きジャンプを読んだ。

2013/05/23(木) 湿布以下

楽屋に雑誌が置いてあった。飲みものでもこぼしたのかその雑誌は端の方が少し湿っていた。

僕は濡れたテーブルを軽く拭いて椅子に座り、その雑誌を手に取った。

そして僕は雑誌をペラペラめくり、ひと通り読み終え雑誌を閉じてテーブルに置いた。

特にやることもなくなり手持ち無沙汰になった僕はある衝動にかられた。

「雑誌の湿ったところをちぎりたい」

雑誌のツルツルしたページが濡れて湿ったとき、少し引っ張るだけで千切れるのは皆様もよく経験してると思う。

僕はあれが好きで、千切ったときの「スッ」ていう絶妙な感触がたまらない。

僕は雑誌の湿った部分を見ながら「あぁ引っ張りたい。引っ張って千切って、千切ったやつをコネコネして細長くしてゴミ箱に捨てたい」という欲求がどんどん高まっていた。

しかし僕はもう大人。それはしてはいけないことだとはわかっているので、その欲求を抑えた。


僕は落ち着くためにコーヒーを飲んだ。

そのとき僕は手首に湿布を貼っていたが、その湿布の角が剥がれて粘着力がなくなっているのに気づいた。

僕はそれを見て「巻きたい」という衝動にかられた。

その粘着力がなくなった角から巻いていって全部剥がしたい。

ふたつの欲求に襲われた僕は、楽屋から出た。

そしたらライパッチ小林さんがいて僕は「イケメンなのに背低い」というのをイジりたい欲求にかられた。

別にこれはいいかと思い1時間ほどいじり倒した。

2013/05/30(木)ラリってるライブ

8月8日に単独ライブをやることになった。

なので今からどんな単独ライブにするか考えてみた。

・心臓に響くような爆音がずっと流れてる
・お客様は狂ったように踊り続ける
・全員ラリってる
・村上が全裸でブレイクダンスを踊る
・警察が来る

・みんな逃げる
・村上だけ捕まる

よかったら是非見に来てください。

2013/06/06(ホ) くそカマキリ

僕らは劇団ムゲンダイというクレオパトラさん率いるコントユニットみたいのに所属しているが、その劇団ムゲンダイのライブで芝居中にみんなで人狼をやるというくだりがあった。

中には人狼をやったことないメンバーもいたので、ちょっと練習で人狼をやってみようということになった。

そのとき狼に選ばれたのがクレオパトラの桑原さんだったが、桑原さんはかなり人狼が下手だった。

僕もかなり下手だが、それを遥かに上回る下手さだった。

下手すぎて誰もが桑原さんが狼だということに気づいていたので僕は思わず「いやっ桑原さん下手すぎでしょ!」といじった。

そしたら周りのメンバーは笑ってくれて桑原さんも「え～そうかな～」と頭を掻くような演技でチョケてみせた。

そして人狼が終わり「一旦休憩しよう」ということになった。

みんながリラックスムードで隣の人と雑談を始める中、僕は隣に座っている桑原さんが休憩中一切喋ってないのに気づいた。

桑原さんはずっと腕を組んで無言でうつむいていた。

みんなは雑談しているので全く気づいていないが、隣に座っていた僕だけが「あれ? 桑さんキレてないか?」という空気を凄い感じていた。

人狼が始まるまではあんなに喋ってた桑原さんが人狼が

終わった途端急に無口になった。

　これは明らかに「桑原さん下手すぎでしょ」という僕の発言のせいだ。

　明らかにあの発言でキレている。

　普段はあんな軽い感じの桑原さんが鬼みたいになってる。鬼カマキリになってる。

　徐々に周りも桑原さんの様子に気づき始めたのか口数が減っていき、僕もいよいよこれは謝った方が良いかもなと思い始めたとき、桑原さんが急に「野田君ってさ」と口を開いた。

　僕は叱られる心構えをしてから「はい」と返事をした。

「野田君って」

　僕は息を飲んだ。

「服ダサいよね」


　仕返しのレベル低って思った。

2013/06/13（木）聖●ランナー

大きめの公園でジョギングをした。

途中ちょっと休憩しようとベンチに座りジュースを飲んでいたら外国人の大道芸人に「おにいさん来て」と声をかけられた。

　周りにおにいさんはいなかったので、僕はその外国人の方に駆け寄った。

　外国人は地面にロープを敷き、僕に「ちょっとここでロープを踏んでいてください」と言った。

　僕は一体なにが始まるのかとドキドキしながら言われたとおりロープを踏んだ。

　すると外国人は僕が踏んでいたロープを引っ張ってロープをピンと張った。

　そして僕に「ありがとう」と言った。

僕は「え？」と言った。

外国人は「よかったら見ていって」と言った。

外国人はロープをピンと張りたかっただけだった。


その後外国人は僕に風船で作った花をくれた。

しかしジョギングの途中の僕にとっては死ぬほど邪魔だった。

僕は「あっいらないです」と返したら「ワオ綺麗なお花ありがとうってコラ」ってノリツッコミされた。

僕はその花を持ちながらジョギングした。


2013/06/20（木）あと単独ライブ見に来てください

特に書くこともないので僕の弱点を大公開したいと思う。

・乗り物酔いがひどい
・お酒飲めない
・ワキガ
・目悪い
・すぐ骨折したと思い病院行く
・カラオケで歌を歌うと曲よりも先に歌い終えてしまう
・爪が変
・相方がう●この化身
・ハンマーで殴られると死ぬ
・トルネドが効く
・ウィキペディアにワキガって書かれてる
・ワキガかと思ったらワキからゲロが出続けているので仕方ない
・サンダルすぐ脱げる

とりあえずウィキペディアには載せないでほしい。

2013/06/27(木) 梅雨

実家暮らしのとき、家事なんて全くやっていなかった。

そのツケが今になって回ってきたように思う。

この梅雨の季節、いつ洗濯すればいいんだろう。

どうやって洗濯物を乾かせばいいんだろう。

うちの母はこの梅雨をどうしのいでいたんだろう。


ネットで部屋干しで調べ、いろんな生活の豆知識を参考にし試してみるがどれもいまいち。

洗濯物は乾かないしカビ臭い。


ここにきて家事は大変だな、と痛感した。

考えてみるとこの大変な家事をみんな平気な顔でこなしているのだ。


渋谷を歩いているチャラい男も、キャバクラいかがっすかーのおっさんもみんなこの家事をこなしているのだ。

今日無限大ホールの楽屋で天狗の川田がずっと不細工をいじられていた。

ずっと永遠に不細工をいじられていた。

しかしこんな川田もここに来る前に華麗に家事をこなしているのだ。

そう思うとゾッとする。


とにかくこの乾かない洗濯物をどうするか考えた結果、自力で洗濯物を振り回し乾かしてみることにした。


タオルを両手で持ち上下に振る。

やっている最中、すごい無駄な時間だなと思った。

どうせなら何かと連動できないかと思い、タオルと一緒に筋トレで使うダンベルを持って洗濯物を乾かすとともに筋トレをするという方法を思いついた。

そしてダンベルとタオルを上下に振り続け、汗かいたのでそのタオルで汗を拭くというベタなことをして、僕はそのタオルを洗濯物かごに投げつけた。

お金持ちになりたいと思った。

2013/07/04（ホ）子供達の方が心踊ったってか

そんな気分の夜だったので一人カラオケに行った。

前に村上が「一人でカラオケに入るときは眠そうなフリをして入れ」と言っていた。そうすることによって店員は、「あっこのお客さんは歌いに来たんじゃなく寝に来たんだ」と思うはずらしい。

僕は目を半開きにしながら受付を済ませ、目を半開きにしながら部屋から電話で飲み物を注文し、店員が飲み物を運んでくるまでソファで寝て、店員が去ったのを見計らってデンモクを取り出した。

30分でとっているので時間との勝負だ。

さぁ歌うぞと歌を検索してるとき、ふとドアの方を見たら小さい女の子がガラスのドア越しに僕をじっと見ていた。

僕はびっくりした。

一瞬お化けかと思った。

でも普通の女の子だ。何故かわからないがじっとこっちを見てる。

なんだか非常に歌いづらく、とりあえず女の子が去るまでまた寝たフリをした。

30秒くらいしてから、寝たフリをしながら薄目でガラスのドアの方を見た。

そしたら男の子が増えていた。

うそやーんと思った。増えてるやーんと思った。

完全に動物園状態になっている。

なんでこっちを見てるのか全くわからない。一人でカラオケに来る男がただ珍しいのかもしれない。


このままだと寝たフリをしたまま30分経ってしまう。本当に寝に来ただけになっちゃう。

僕はもう子供達を気にせず、逆にハイテンションで歌ってやろうと思い立ち上がって『ココロオドル』を熱唱した。

そしたら子供達は走って去っていった。

完全にお母さんに報告しに行く足だった。

僕はもう静かに眠った。

2013/07/11(木) 置きチケお待ちしています

神保町花月の稽古が始まった。

それぞれ自己紹介を済ませた後、座りながら台本を読む「本読み」が始まった。

最初の稽古というだけあって、稽古場は少しだけ緊張感で張り詰めていたが、女優さんが「可笑しい」を「かわらしい」と読み稽古場は笑いに包まれた。


僕は思った。

もしかしてみんなをリラックスさせるためにワザと間違えたのではないだろうか?

笑うことによって落ち着くし、自分が最初に間違えることによって、他の人は間違いを恐れず本読みを行うことができる。

さすが女優さん。稽古場の空気作りから大切にしている。

台本を追うので必死な僕達とはレベルが違う。

「勉強になるな」と感心していたら女優さんは台本を見ながら「ごがつなわい!」と叫んだ。

僕はなんかの方言かと思い「方言とか使うお芝居なのか?」と台本を見たら「五月蠅い」と書いてあった。
「うるさい」を「ごがつなわい」と読んでいた。
「あーこいつガチだ」と思った。

隣にいた竹内さんは「あの子パセラで働いてるから」と呟いた。
「え?」と聞くと竹内さんは「カラオケの字幕は全部フリガナふってあるから」と言った。
関係ないだろと思った。

2013/07/18(ホ) 7/21です
さぁて次回の野田スクールクリスタルは?

うっす。野田っす。今年こそは夏を満喫しようと思うんだけど結局家でゴロゴロしちゃうんだよなー。とほほ。

さて次回は、

・好井、なんかベタベタしたのを踏んだので歩くたびにバリバリ鳴る

・村上、「冷房効いてる?」がしつこい

・西島、服を着てると思ったらカラーペイントだったので逮捕

の3本です。

次回も絶対来てよね。
じゃんけん、あっゲボ吐きそうタンマ。

2013/07/25(木) パイプベッドは買った

木製のベッドにカビが生えてきた。

なんか木製のベッドとかオシャレなんじゃないかと思い買ったが、やられた。

なんど掃除しても生えてくるし、たぶん木の中にカビが生えてる。というか腐ってる。これはもう処分するしかなさそうだ。


劇団ムゲンダイの稽古終わり、たまたま近くにTEAM BANANAの山田という女芸人がいて、僕は山田に「山田はなんのベッド使ってるの?」と聞いたところ山田は「私はパイプベッド使ってますよ」と言った。


確かにパイプベッドならカビが生えることはない。

しかしパイプベッドで検索すると、「頑丈さが足りない」とか「キシミがする」という評判を聞くことがある。


僕は山田に「パイプベッドってよくキシミがするとか聞くけど大丈夫?」と聞くと山田は「あっ普通に使う分には大丈夫だと思いますけど、私折れたことがあるんですよ」と言った。

僕は「へぇーなんで折れたの?」と聞こうとした。

聞こうとしたが、僕は急ブレーキをかけた。

ほんの一瞬の間にいろんなことが頭をよぎった。


この山田という女芸人は、僕が一緒にバスケをやっているジェラードンのかみちぃという芸人と同棲している。

山田は比較的女の子の中でも小柄な方だ。

普通に使っていれば大丈夫なパイプベッドが折れた。


もう一度言う。山田は小柄な方だ。

山田はかみちぃと同棲している。

山田は普通じゃない使い方をしてパイプベッドを折っ

た。かみちぃと折ったのでは。なにをして？

気まずい。これを聞いたらだいぶ気まずい。

もうかみちぃとバスケができなくなるくらい気まずい。

わからない。

もしかしたら山田がベッドの上で凄まじいジャンプでもしたのかもしれない。

わからないが気まずい。

僕は「へぇー折れたんだー小柄なのにねー。まぁなんというかそんじゃお疲れ様でしたー」と言って帰った。

山田は呆然としていた。

2013/08/01（木）呪術で

神保町花月の千秋楽が終わり、出演者で打ち上げをすることになった。

しかし僕は用事がありみんなに挨拶して帰った。

後日、共演者だったラフレクランの西村に会い「この間はお疲れ様でした」「いやー楽しかったね」なんてやり取りをした。

ふいに西村が「あれ、そういえば野田さん打ち上げ来てました？」と聞いてきた。

僕は「いや、用事があって帰ったよ」と言った。

西村は「そうですよね、いませんでしたよね」と言った。

僕は「みんな来てた？」と聞くと西村は「野田さん以外みんな来てましたよ」と言った。

僕は「うわーなんか俺言われてなかった？」と聞くと西村は「そうですねー。なんであいつ来ないんだって野田さんの話で持ちきりになりましたよ」と言った。

僕は「そりゃ悪いことしたなー」と笑いながら言ったら、西村の後ろを通り過ぎた村上が「いや、たいして持ちきりになってなかったよ」と言った。

西村は「いやっちょっと村上さんっ」と言うと村上は「一瞬だけ名前出たけど、すぐ終わったよ」と言った。

西村は「いやっ確かにほとんど野田さんの話題にはならなかったですけど！」と言った。

わかっていた。

まず、打ち上げに行かなかったのは僕だけなのに「野田さん打ち上げ来てました？」と聞いてしまってる時点で話題にはあがってない。

というか、打ち上げ来てました？　と聞かれるような奴が打ち上げの話題にあがってた訳がない。

僕は「いや、話題になってなかったんかい！」とこの感じを笑いに変えようと切り返したら、村上と西村は「なんか西村のゲスいとこ見ちゃったなー」「いや普通の社会人のテクニックですってー」と完全に2人で盛り上がっていた。

あっこいつら殺そうと思った。

2013/08/07（水）なげやり

今回の単独ライブ。

以前に単独でやろうとしたが、没になりこの日記でお葬式をあげたはずのコントをやることになった。

打ち合わせの段階では大変盛り上がったが、いざリハーサルをしてみるとこれの何が面白いのかわからなくなった。

マジでどこで笑えばいいのかわからない。

でもやります。

明日だし。

2013/08/15（木） いつか流しそうめんはやってみたい

単独ライブいかがだったでしょうか。

今回は神保町花月やらが重なり全くネタ作りが進まなかったがなんとか無事終わり安心した。

正直、もうどうでもよくなり「これでいいんじゃね？」となげやりに出した単独の案がいくつかある。

それを紹介しよう。

・ずっと爆音で音楽をかけておくので各々踊って楽しんでもらう

・珍しい石とかを展示しておくので各々見て楽しんでもらう

・壁にロッククライミングの岩をつけておくので各々登って楽しんでもらう

・舞台の真ん中にトランポリン置いておくので各々跳ねて楽しんでもらう

・流しそうめんやるんで各々食べてもらう

・小銭置いておくので許せる額をもらって各々帰ってもらう

・スラムダンク置いておくので各々読んで楽しんでもらう

・鍵閉めて入れなくする

・昨日やったと言い張る

・じゃあお前らが単独やれと強気に出る

・泣きながら土下座する

無事ネタが間に合ってよかった。

2013/08/22(木) たまには

歯医者と喧嘩をした。

まず僕は歯医者が嫌いだ。

初めましてなのに虫歯があるというだけで説教をしてくる。頼んでもないのに歯磨きの仕方を教えてくる。

良かれと思って教えてくれてるのかと思ったら、あれには指導料としてお金がかかっているらしい。勝手に追加オプションが発生してるのだ。

それは良いとして、その歯医者と喧嘩になった理由は、まず「痛かったら手をあげてください」と言われ、痛かったので手をあげたら「もう少しなんで我慢してください」と言われ僕は軽くイラッとした。

そしてあまりに痛く涙目になったら歯医者は笑いながら「泣いちゃった」と言い、僕は痛み以上に湧いてきている怒りに耐え、無事治療が終わると歯医者は最後に「次はもう少し効く麻酔使いますね」と言われ僕は「最初から使え」と大爆発した。

それにしても大爆発した後の虚無感はなんなんだろう。

2013/08/29(ホ)沸騰した音だと思ってた方がまだマシだった

隣の家からよく、やかんが沸騰したときの音がする。

生活音なので仕方がないが、あの甲高い音は中々耳障りで寝ているときに鳴ったりすると気になって眠れないので布団に潜り音を遮断している。

ある日やかんの沸騰した音がだいぶ長いこと続いていて、「あれ？　これやかんに火つけたまま出かけたんじゃないのか？」と心配になり、僕はその隣の家の玄関の前に行きドアに耳を当てて中の音を聞いた。

こうやってドア越しに聞くのと部屋から聞くのとではだいぶ音が違って聞こえ、やかんが沸騰した音だと思っていたがどうやら違うということに気がついた。

まず部屋の中で音楽がかかっている。それもＸ ＪＡＰＡＮ的な激しい音楽。さらにそのやかんが沸騰したみたいな音は途切れ途切れで鳴っていて、なんだか不自然だった。

僕はさらに耳をすませ聞いてみた。

うっすら聞こえる音楽、途切れ途切れの甲高い音、いやこれは音じゃない。

僕はようやく気がついた。これは「キェー」という甲高い裏声だ。

隣の人が全力でＸ ＪＡＰＡＮ的な曲を歌っているのだ。

「なーんだ。心配して損した」と一件落着し部屋に戻った。

安堵した僕は床に座ってコーヒーをすする。

そして隣の部屋から聞こえる全力の裏声。

なんも解決してないことに気がついた。

2013/09/05（木）そして宇宙空間をさまよい続けた

キングオブコント準決勝当日。

漫才とは違い、コントにはリハーサルが必要なため昼に会場に入らなくてはならない。

僕は会場へ向かう電車の中で何度も今日のネタを頭の中でシミュレーションした。

初めての準決勝。緊張しないわけがない。

期待と不安に胸を膨らませ、僕は空いている車内でブツブツとネタの確認を繰り返した。


そんな時、1通のメールが届いた。

見てみると吉本の社員さんからだった。

「こんな昼間からなんだろう？」と確認してみると「THE MANZAI予選落ちてますよ」という内容だった。


いやいやいや。

どんなタイミングで送ってくるんすか。

これからキングオブコント準決勝っすよ。

漫才師が漫才の大会落ちてどんなテンションでコントやったらいいんすか。


社員さんは何も悪くない。落ちた自分たちが悪いのだ。

完全に気持ちを落としながらも、今日のコントに引きずってはいけないと思いリハーサルはしっかりやった。


そして本番。

単独でやったネタのリメイクを披露。

するとまさかの「あれ？　ちょっとあるんじゃないの」臭が漂う手ごたえ。

楽屋に戻ると「マヂカル行ったんじゃないの？」「決勝

に選ばれたときのコメント考えときな」と周りの芸人たちから言われ「こんなことってあるのか」と泣きそうになった。

そして翌日、決勝進出者発表。

普通に落ちてた。

僕はもう考えるのをやめた。

2013/09/12(木) 答えはパンサーの失速待ち

映画『劇場版　あの日見た花の名前を僕達はまだ知らない。』を観に行った。

なるべく人が少ない場所、時間帯を選んだつもりだったがそれでもだいぶ並んでいた。

男一人でアニメを観に来るなんてだいぶオタクだと思われるに違いないと思い人の目を気にしながら並んでいたが、僕の前に並んでいたカラーギャングみたいな男が受付で「あの花1枚」と言ってるのを見てなんだかホッとした。

カラーギャングみたいな男はその後ポップコーンとジュースを買っていた。だいぶ浮かれてるなと思った。

チケット渡すところで両手がふさがってるから一度ジュースとポップコーンを床に置くという映画館あるあるもかましていた。憎めない奴だった。

内容は総集編に近い感じだったが、久しぶりに観たあの花はやっぱり良かった。

あの花ツアーをしたときのことや、あの花の面白さについて語り合った日々を思い出し、それだけでなんだか楽しめた。

そしてふと思った。

そういえば、かんみのだどうなったんだろうって。

2013/09/19（木）出口も一緒だった

ライブに向かうため電車に乗り、ちょうど1人分だけ座席が空いていたのでそこに座った。

そして僕は何気なく足を組んだ。


足を組んでまもなく、僕はあることに気がついた。

僕の両隣の人も同じ方向に足を組んでいる。

まぁそれはいい。よくあることだ。

しかしさらに問題なのは3人とも同じようなジーパンをはいているということだ。

これはなんか気になる。同じようなジーパンはいてる3人が同じ方向に足を組んでるのは結構気になる。


僕はふと顔を上げ、右隣の人を横目でチラッと見た。

僕は目を疑った。

僕と似たような髪型をしている。

顔は髪で隠れてるが髪型と髪質。さらに体形もなんだか似ている。僕をひと回り大きくしたような男性だ。


続いて僕は左の人をチラッと見た。

僕は目を疑った。

僕と髪型が似ている。しかも女性の方だ。僕をひと回り小さくしたような感じに見えなくもない。


この瞬間、僕の体中から変な汗が吹き出た。

大中小になってる。


誰かに気づかれたらまずい。

ギャルとかに「あそこ大中小になってない？」みたいに

言われたらまずい。

髪型と体形は仕方がない。

しかし、この3人が同じようなジーパンで同じ方向に足を組んでいるのはまずい。

僕は大中小になってるのを気にして戻した感が出ないように自然に組んでいた足を元に戻した。

これなら大中小になっていることに誰も気づかないだろうと安心した矢先、右隣の人が足を逆に組み替えた。

こうなってくると今度は3人の足の向きが左右対称になってしまい美しい感じになってしまった。

もうだめだ。

どっちか降りてくれるのを待つしかない。

僕は祈り続けた。

結局3人とも降りる駅が一緒だった。

立ち上がるタイミングも一緒だった。

元は一つだったのかもしれないと思った。

2013/09/26（木）駆け込み乗車はやめよう

シソンヌの長谷川はオシャレにすごいお金を使っているらしい。

僕たちのような若手芸人は生活するためのお金すら足りてない状況だというのに、その生活費を削ってでもオシャレをしたいというのが長谷川だ。

彼のオシャレへの思いというのは他の何にも代えられないものなのだろう。

ファッションモンスターとは彼のことを言っているのかもしれない。

そんな長谷川がこの前、顔だけ電車のドアに挟まれた。

うそだろ、と思った。

一緒に電車に乗ろうとして、もうドアが閉まりそうになっていたので僕は諦めたが長谷川は間に合うと思って乗ろうとしたのだ。

そしたら顔だけ挟まれた。

車内にいた女子高生は化物を見るかのような目で長谷川を見た。

あれだけオシャレに気をつかっていたのに、顔だけが車内に取り残されてしまったのだ。もはやただのモンスターだ。

ドアが開き、解放された長谷川は僕の方を向いて「ちょっと野田さーん。見てないで助けてよー」と言った。

そのときの長谷川は少しだけ面長になっていた。

2013/10/03(木)「いえ違います」と言った

吉本の本社は歌舞伎町にあるが、歌舞伎町の中を通って本社に行くルートだと道中に風俗店がたくさんある。

昼間の人通りが少ない時間帯にそこを通るとタバコを吸って暇そうにしていたキャッチのお兄さん達が一斉にこっちを見る。

そして「おっぱいいかがっすかー」「お兄さん! おっぱいとかいかがっすか」「お兄さん。今日はおっぱいですか?」とおっぱいをすごい勧めてくる。

だんだん後半になってくると僕が断るのをわかっているからか雑になってきて「おっぱいっすかー」「おっぱいー」「はいっおっぱいー」ともう僕をおっぱいと呼んでるだけになってくる。

僕は悔しい。何が悔しいか。

見た目から僕が昼間からおっぱいを求めて歌舞伎町に来てると思われてることが悔しいのだ。

キャッチは適当に声をかけてるわけではない。相手を見て昼間から風俗に行きそうな奴を見定めて声をかけている。

あの周辺にはホストクラブがあり、ホスト風のかっこいい男性にはやはりキャッチは声をかけないのだ。

僕は本気をだした。

黒のジャケットにスリムなジーンズ、手グシで髪を掻き分け顔をキリッとしたまま僕は歌舞伎町を通った。

「おっぱいですかー」

誰がおっぱいだよ、と思った。

2013/10/10(木) あれ？　この話前に日記書いたっけ？　のはなし

前に僕らがMCのライブでお客さんが7人のときがあった。

そのとき、ピン時代お客さんが3人の前でMCをしたときの事を思い出した。

キャパ300人という無駄に広い劇場に、1人は寝て、1人は携帯をいじり、1人は僕が呼んだ友達、その呼んだ友達も劇場内飲食禁止なのにビールとカップ焼きそばを頬張っていた。

僕はその3人の前で「バイオハザードやりすぎて音楽が耳から離れないんですよ」というトークを30分かまし、オープニングトークで30分押すという状況を作り上げた。

さらにエンディングでは出演者たちをまとめきれず、お客さん3人なのに告知が無駄に長い。

客いじりとか慣れてないのに僕が寝ているおっさんいじったら、おっさんがちょっと切れだすというハプニング。

ふと見たら友達もう帰ってる。

アンケートに匿名希望で「野田しね」と書かれている。

いやおまえだろ、おっさんだろ。お客さん3人で匿名希望が通ると思うなよ。

もう地獄だった。

地獄だったとさ。

2013/10/17（木）それ以来やらなくなった

僕は乗り物酔いがひどく、いまだに電車でも酔う。

実家にいた頃は渋谷まで1時間くらい電車に乗って通っていたため、ほぼ毎日乗り物酔いをしていた。

乗り物酔いに効く方法みたいのがいくつか出回っているが、たぶんすべてを試したと思う。

梅干とかツボとかいろいろ試した結果、一番効いたのが意外にも深呼吸だった。

ちょっと酔いそうだなってときに大きく吸って大きく吐く。

これを意識するだけでいつの間にか目的地についているのだ。

遠いところに行くときは30分くらい深呼吸をしてたことがある。

しかしそれでも酔いというのは増していくもので、僕は額から汗をにじませながら酔いが増すごとにより深く呼吸をした。

ぐっと目をつぶり、眉間にしわを寄せ、腕を組み、吐き気に耐えながらひたすら深呼吸をした。

そしたら隣にいたおじいちゃんが「なんかごめんね」と言った。

なんのことかまったくわからなかった。

2013/10/24(木)死ぬほど似てない

芸人たちでたまに集まってバスケをやっている。

その帰り道、ジェラードンかみちぃとマイクタイムという後輩、そして大西ライオンさんと駅に向かって歩いていた。

かみちぃはよくライブで一緒になるし、マイクタイムはだいぶ後輩なので気兼ね無く接することができる。ただ大西ライオンさんは先輩だし仕事で一緒になる機会も少ないのであまりちゃんと喋ったことがない。

とはいえかみちぃやマイクタイムも一緒にいるためワイワイ喋りながら駅まで向かっていた。

駅に到着し改札を抜けようと思ったら、かみちぃとマイクタイムが改札とは別の方向に歩き出した。

僕は「あれ？ どこ行くの」と聞くとかみちぃは「あっ僕切符買うんで」と言った。

僕は「あぁそうなんだ」と言ったらかみちぃは「それじゃお疲れ様でした！」と言った。

ええ？ と思った。

切符買うのくらい全然待つよ、と思った。

しかし僕はかみちぃの「今日はもう解散です」という雰囲気に負けて「あっうんおつかれー」と言って改札を抜けた。

ここからおよそ20分、ライオンさんと2人っきりになる。

これだとまるでライオンさんが絡みづらいみたいな言い方に聞こえてしまうがそうではなく、あまり喋ったことがない人はどうも僕が絡みづらいようなのだ。

まず芸風からして絡みづらそうだと思われてるし「喋ってみたら普通」というほどコミュニケーション能力があるわけでもない。

「こいつどう接したらいいんだろう?」という相手方の空気を感じてしまい、今回もまた2人つり革に掴まりながら、微妙な緊張感につつまれていた。

これじゃあいけないと思い、どこからか聞いた「ライオンさんはゴルフもやっている」という情報を思い出し、僕はライオンさんに「今もゴルフやられてるんですか?」と会話を切り出した。

これがうまくヒットした。ライオンさんはスポーツが大好きで、スポーツの話になると熱くなる人だった。

日本のゴルフ界、そして日本のプロバスケットボールについて僕に熱く語った。

もはや最初の緊張感などはなくなり、僕は「いやーそれにしてもゴルフもやってバスケもやって本当にすごいですね」と言った。

そしたらライオンさんは「うん。でもこの2つって似てると思うねん」と言った。

僕は「え、どこがですか?」と聞いた。

ライオンさんは「どっちも玉を穴に入れるやん。だから似てると思うねん」と言った。

なに言ってんだこいつ、と思った。


このあたりからガチでジムに通い始める。

2013/10/31(木)そして出禁

さあて次回の野田スクールクリスタルは?

野田です。パンサーが野田スクールクリスタルに出てたということが最近信じられなくなってきました。

さて次回は？

・好井、本格的にすべる

・好井、取り戻そうと勝手に怖い話をし出す

・好井、ち●こ出す

の3本です。

次回も絶対見に来てくださいね。
じゃんけんぽん。はいっ負けました。おつかれさん。

2013/11/07（木）舌打ちされたのだ

無限大ホールの楽屋で村上が「おっぱいすごい、おっぱいがすごい」と騒いでいた。

周りにいた後輩が「いや村上さんどうしたんですか」と聞くと村上は「外やばい。おっぱい見えすぎ」と興奮していた。

ノイローゼだ、ノイローゼ村上だ、と騒がれたが、そうではなく、なんでも今ハロウィンということで渋谷はコスプレをしたお姉さんたちでごった返しているらしい。

そのコスプレが非常にエロく、村上曰く「いや、もう見えてたもんおっぱい」という状態だそうだ。

しばらくして落ち着いた村上は「そういえばカメラ小僧みたいな奴いたよ。まじキ●いよ～」と言いながら大爆笑していた。なんなんだこいつと思った。

帰り道、確かに村上の言う通りお姉さんたちは非常に過激な衣装をしていたが、クールな僕はそんなハロウィンで浮かれた女たちの胸元にはなんの興味もないというアピールしながら斜め上を見て歩いていたが、途中「逆に興味なさ過ぎて見ちゃう」というバトル漫画の主人公みたいなキャラ設定を自分にくわえ、横をすれ違ったお姉さんの胸元を凝視したらおもいっきし舌打ちされた。

舌打ちされたのだ。

2013/11/14（木）実は1000字以内という制限がある

文章で書くと長くなりすぎてこの日記に収まらなかったため箇条書きで説明しようと思う。

・エレベーターに乗ろうとしていたベビーカー連れの女性が満員で乗れず、乗っていた紳士な男性がエレベーターから降りて女性に譲る、というCMを見た

・真似した

・僕1人が降りたくらいのスペースではベビーカー連れの女性は乗れなかった

・エレベーターに戻るわけにもいかず、元々このフロアに用があったから降りたんだ感を出した

・女性用の服とか下着とか売っているフロアだった

・立ち往生

・何故か女性用の服に紛れて折りたたみ傘が売っていた

・とりあえず買った
・外出たら雨降ってた
・良いことしたら良いことが返ってくるんだ、と感動した
・傘を広げたらキティちゃんが描かれてた
・ずぶ濡れになりながら帰った

2013/11/21(木) そういうところが売れる理由

僕は売れてる人に会うと緊張する病を患っている。

だいぶ前の話だが、はんにゃの金田と楽屋で2人っきりになったとき、1時間くらい背筋をピンと張りながらひと言も喋らなかったことがある。

アイパー滝沢と楽屋で2人っきりになったときは家にいるより落ち着いてしまい爆睡してしまったことがあるが、売れてなければ売れてないほど安心してしまうようだ。

しずるの池田も最初は凄く緊張したが、この前楽屋で一緒になったときは少しだけ睡魔が襲ってきた。

そして最近、パンサーの向井と会うと少し緊張する。

あんなにも気軽に話しかけていた向井だが、やはりこれだけテレビで見る機会が増えてしまうと芸能人オーラ、高所得者オーラが体からにじみ出ていて話しかけづらくなった。

楽屋でフレッシュネスバーガーを食べられたら誰でも緊張してしまう。

しかし僕は思った。

もしかしたら考えすぎなのかもしれない。

僕が思ってるほど彼は変わっていないのかもしれない。

パンツ一丁で歌っていたあの頃と変わっていないのかもしれない。

僕はあの頃のように気軽に話しかけてみようと思った。

僕は向井の隣に座り「よっ。俺と話したそうじゃん」と冗談を混ぜつつ話しかけた。

それと同時に僕の知らない大人の方が向井に話しかけた。

2人同時に話しかけられた向井は「おはようございます」と僕に挨拶をし、大人の方に「あっはいなんでしょう」と華麗に2人に対応した。

彼は凄まじく忙しかった。

僕は向井から離れ奥の楽屋へと引っ込んだ。これ以上彼を忙しくさせるわけにもいかない。

「早く売れたいな」と誰もいない奥の楽屋で一人つぶやき、早々に帰り支度をしていた。

そしたら向井が楽屋に入ってきて「僕と話したそうじゃないですか」と冗談まじりにわざわざ話しかけてきた。

「こいつー」と思った。

> 今だともう向井と話すときは目を合わせられない。

2013/11/28(木) ことの発端

吉本では年に2回くらい芸人たちが無限大ホールに集まって偉い方からコンプライアンスの講義を受けるという行事がある。

講義中はお笑いの劇場とは思えないくらい空気が張り詰めていて、たくさんの芸人が客席に座っているというのに全く笑いはなく、みんな真剣な表情で講義を聞いている。

僕も最初は真面目に話を聞いていたが、しかし後半になってくると段々集中力もなくなってきて、照明もなぜか薄暗いので正直頭がボーッとしてくる。

ボーッと現実と妄想の狭間をさまよっていたら、なぜか舞台上に好井が一人で立っていた。

薄暗い照明の中、好井がお客さんに向かってなにか喋っている。

それを真顔で見るお客さんたち。

それが僕には好井が鬼のようにすべっている光景に見えた。

好井の漫談を一切笑わず聞いてるお客さんたち。

なんだこれは。

地獄だ。

地獄絵図だ。

そうだ。これが本当のお笑いライブだ。

ふと我に返り、講義中だったことを思い出す。

好井に見えた人は講義をしている偉い方。

真顔で見ていたのはお客さんではなく講義を真剣に聞く芸人たち。

講義はいつの間にか終わっていた。

ある日、無限大のスタッフから芸人宛てに一斉メールが送られた。

「年末に無限大の予定が空いてる時間帯があります。何かライブをやりたい人は連絡ください」

僕は好井に「ネタ全部俺が書くから1人で単独ライブや

らないか?」と持ちかけた。

好井は「ええですやん。やりましょう」とこの話に乗った。

地獄行きとも知らず。

2013/12/05（木） 宮川「次は打ち合わせから呼んでもらえます?」

「YNNの生配信ですか。やってみたいですね」

YNNのスタッフの方にそう言ったら1週間後配信が決定していた。

「それで何をやられるんですか?」

スタッフの方が僕に聞いた。こっちが聞きたいよと思った。

僕は「なんか漫画の『ハンター×ハンター』について語り合うみたいな感じで」と言うとスタッフさんは「面白そうですね。ではお任せします」と言った。

僕は「あっ任せちゃう感じですか」と言ったらスタッフさんは「簡単な台本は作ってきますので」と言い僕は安心した。

そして当日。

とりあえず『ハンター×ハンター』全巻を持ってきた。

全巻あれば1時間半なんとかもつだろう。

そしてスタッフさんから台本を受け取る。

「始まりましたYNN生配信。MCの野田クリスタルです。以下野田さんが自由に進行」と書かれて終わっていた。

簡単すぎるだろと思った。

さらにスタッフさんから「漫画の中身は配信上見せられませんので」と言われた。詰みじゃねーかと思った。

生配信まで残り10分。本格的にやばくなってきた。

他の出演者の宮川と小浜は僕が持ってきた『ハンター×

ハンター』を読んでくつろいでる。

状況を伝えるために僕は「あーやべーな。何やるか決まってないよー」と言ったら2人は「ふふふ」とまたまたそんな冗談を、みたいな笑い方をした。


残り5分。

小浜が着替えを始めた。

なんだなんだと思ったら『ハンター×ハンター』に出てくるクロロのコスプレをしだした。

やばいめちゃめちゃ気合入ってる。

なぜか申し訳ない気持ちでいっぱいになった。

僕は「あー俺も一応コスプレ持ってきたんだよな」と言ってさっき暑くて脱いだヒートテックタイツを穿き、上着を脱いで「なんのコスプレだと思う？」という質問を2人にし、「そう、それ」と言った。


そして本番が始まった。

焦りながらも実は心の奥底ではワクワクしていた。

そうは言いながらもなんやかんや1時間半もつんじゃないだろうか。

己の芸人力が試されるとき。

己の世界にダイブしろ。


開始30分。

完全にやることがなくなった。

頭真っ白。

そんな僕を見てスタッフさん大爆笑。

ただのドSだった。

2013/12/12（木）肉の化物の話

村上と新ネタのネタ合わせをするため吉本の本社へ向かった。

その日はかなり冷え込んでいて、一刻も早く本社の中に入りたくて早歩きになった。

本社につくと村上が中に入らず外で突っ立っている。

「どうした?」と聞くと村上は「中が収録で使ってるらしい」と言った。

本社以外にネタ合わせができる場所と言えば他に無限大かカラオケになるが、いまさら無限大に移動するのもめんどくさいし金がないのでカラオケも厳しい。

どうしようかと困っていると村上が「もう外でいいんじゃない」と言った。

まじかよと思った。

でも確かにネタも全くできてないし、早く作らないといけない。僕は「そうだな」と言った。

そして3時間後。

僕は完全に喋らなくなった。

僕はいつもネタが思い浮かばないと無言になる。

そんな僕を見て村上も黙る。邪魔しないように黙る。

でも本当はネタが思いつかないんじゃない。

寒すぎて何も考えられない。

もうめっちゃ帰りたい。めっちゃ帰りたいしか考えてない。めっちゃ帰りたいっていうネタができちゃう。

でも僕から帰りたいって言うのはなんか嫌だ。こういうとき帰りたいとか言い出すのはあいつの役目だからだ。

そして1時間後。

もうネタなんて考える気は全くなく、ただの我慢勝負みたいになってきた。

しかし僕はもう限界に達していた。

僕は負けを認め村上に「もう今日は何も思いつきそうにないから明日にしよう」と言った。

そしたら村上が「そうだね。寒くなってきたし」と言った。

耳を疑った。

2013/12/19(木) 結局なんの話なのかわからない話

小さい頃の話。

外で遊んでいた僕は、喉が渇いたので家に帰る前に公園で水を飲もうと思い公園に寄った。

公園には誰もいなかった。

水を飲み終わった僕は顔を上げ、袖で口を拭き、帰ろうと振り返ったらさっきまでいなかったはずの大勢のおじいちゃん達が公園で太極拳をしていた、という不思議体験をしたことがある。

誰かにこの話をしても「水飲んでる間におじいちゃんが集まって太極拳をし始めたんじゃない？」と半笑いで言われてお終い。

別に僕も「いやそうじゃない」とムキになるほどの話じゃないし、小さい頃というのは不思議な体験をよくするものだと聞いている。

だからこの話はこれで終わりだった。

僕は今ジムに通っているが、壁一面に貼られた鏡の前にストレッチスペースがあり僕はそこでストレッチをしていた。

そのとき僕はぼーっとしていた。

下を向きぼーっとしながらストレッチをしていた。

そしてふと顔を上げた。

僕は目を疑った。

僕の周りでおじいちゃん達がいつの間にか太極拳を始め

高校の昼休みに5人くらいで行われたどうでもいい不思議体験コンテストで優勝した話だ。

ていたのだ。

当然あのときの記憶が蘇る。

思えばあのときもぼーっとしていた。

今もぼーっとしていた。

完全に無意識状態だった。


僕に戦慄が走る。

僕が無意識状態になるとおじいちゃんを召喚してしまうんじゃないだろうか。

壁の貼り紙に目をやる。「16時からストレッチスペースにて太極拳を行います」

時計を見た。16時5分を指していた。

おじいちゃん達がチラチラと僕を見ている。

僕に戦慄が走る。

ずっと僕は邪魔だったのだ。

そそくさと帰った。

2013/12/26(木) 機械に感情が生まれた瞬間

その日、僕と好井は渋谷のカラオケにいた。

好井単独ライブで使うカラオケ音源をカラオケから録音するためだ。

最近のカラオケには録音機能がついている。

僕たちは音楽だけを録音したいので、曲を入れ録音を押した後はお互い声が入らないように無言でそれを聞いていた。

辛かった。

男2人がカラオケに来て、歌うことなく音楽を垂れ流すという状況。

1曲たった4分が永遠と思えるほど長く感じた。しかもその作業を数曲繰り返した。

好井は「なんなんすかこれ」と言った。

気持ちはわかる。

今日はクリスマスイブだ。

しかも好井は今年結婚したのだ。

結婚してから初めてのイブの日にこんな仕事。

途中、これどっちか1人でよかったんじゃないかと気づきながらも口には出さない状況。

僕だったら泣いてる。


すべての曲の録音を終え、さてCDを取り出そうというときにデンモクがフリーズした。

僕たちは店員さんを呼んだ。

店員さんはデンモクの状態をチェックした後「申し訳ありませんが他の部屋に移動して頂けますか?」と言った。

僕は「え、その場合録音した曲はどうなるんですかね」と聞いたら店員さんは「すべてやり直して頂く事になります」と言った。


時が止まった。

木に止まっていた小鳥達が一斉に飛び出すような空気を感じた。

そして好井は震えた声で「なんとかならないですかね」と言った。


さすがにデンモクも動き出した。

年末書くことなくなってる。

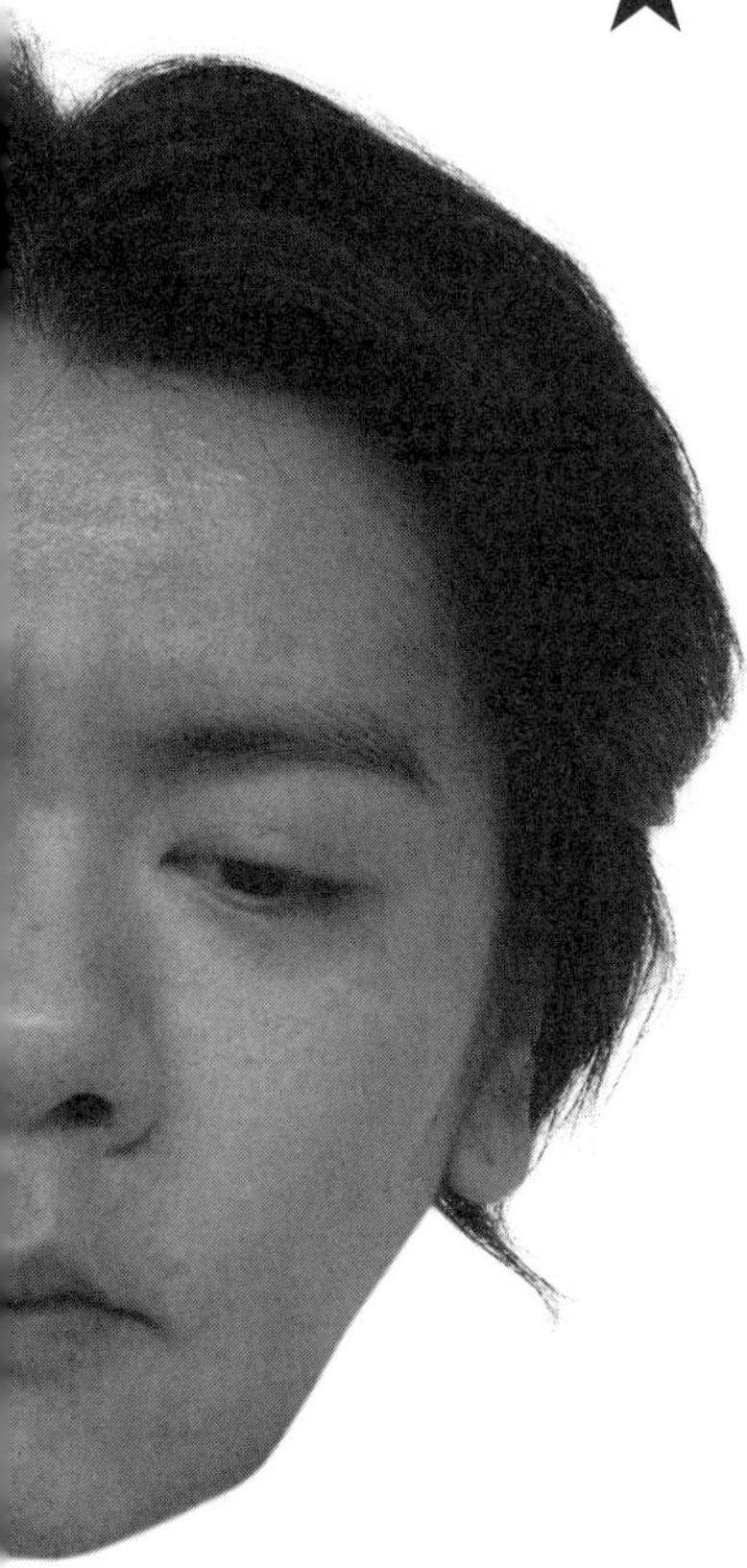

NODA'S DIARY

2014

2014年

2014/01/02（ホ）今年もおつかれっす

なんだか少し忙しく、好井単独のことや年末の出来事な
どいろいろ書きたいことはあるが、あまり時間がない。
なのでその辺の出来事をまとめて歌にしてきたので聴い
てもらいたい。

「年末」

あー。年末
いろいろありましたー
好井単独やー神保町の稽古
でもその中でもダントツでー
大きな出来事といえばー
歯ブラシを硬いのにしたらー
上の前歯の裏側の薄い皮が
めくれるようになりましたー。

今年もよろしくな、この雑魚ども。

どうした？

2014/01/09（ホ）そんなかんじ

道を歩いてたときのこと。
僕の前の前を歩いていた男性が、歩きながらふと横
を向き、その目線の先にある何かを凝視した。
いったい何をそんなに見つめているのだろう？
気になって僕も横を向いたが建物が邪魔をし、その男性
の位置からじゃないと男性の目線の先になにがあるのか確
認できない。

僕の前の前を歩いていた男性も、自分の前を歩く男性がいったい何をそんなに見つめているのか気になり、その男性が横を向いた場所まで来たら同じように横を向き、その先にある何かを凝視した。

驚いた表情もなく、ただその目線の先にある何かをじっと見つめていた。

すると僕の前を歩いていた男性も、その目線の先に何があるのか気になり、前の男性が横を向いた位置まで来たら横を向き、その先にある何かを見つめた。

先ほどの男性とは違い険しい顔でその先にある何かを見つめていた。

次は僕の番だ。

前を歩く男性たちはいったい何を見つけ、何を見ていたのか。

僕はそれを知ることになる。

そしていよいよそれが確認できる位置までやってきた。

高鳴る鼓動を抑え、僕は横を向き、目を見開いた。

目を凝らす。

何もない。

何もない普通の道だ。

後ろを振り向くと、僕の後ろを歩いていた女性は僕と同じように、その場所まで来たら横を向いた。

きっとその後ろを歩く人も同じようにここに来たら横を向くだろう。

なんかわからないが、こういうとき横を向かない人間になりたいと思った。

という話。

急にどうした？

2014/01/16（木）そういえばレッスンも発声練習しかやらせてもらえなかった

神保町花月のお芝居には何度も出ているが、出るたびに演技は難しいと痛感する。

お芝居はやはり演じなくちゃいけない。普段そんなことじゃまったく怒らない場面でもお芝居なら怒らなくちゃいけない。思ってもいないことを思おうとしなくちゃいけない。僕はそれがとても苦手だ。

そんなことを今さら思ったわけではなく、過去に僕は演技レッスンみたいなものに通っていた時期があるが、それをやめたのも僕は演技が向いてないと心の底から思ったからだ。

あれから何年経ったかわからないが、今回の神保町花月でチョコプラや少年少女の演技を見て、僕の中にまた別の考えが生まれ始めた。

彼らは全力で自分の役を演じていた。その役に共感できるとかできないとかそんなことを考える前にまず全力でその役を演じていた。

そして本番では見事にその役になりきって見せたのだ。

本番中の舞台袖で次の自分の出番を待っている間、彼らの演技を袖から見ていたら「もしかしたら僕でも全力で演じれば役になりきれるかもしれない。僕なんかでもお客さんの心を動かせるのかもしれない」と思い始めた。

今回の僕の役は年老いた王様。次の出番は長田が演じる騎士と阿部が演じる王子の一騎打ちの間に割って入り「何をしている！」とその戦いを止める。

そして「なぜ誰もわしを呼びにこない！」と全員を一喝するというシーンだ。普段温厚な王様が唯一感情をあらわにするという僕の見せ場でもあるシーン。

長田と阿部の熱い演技を袖で見ているうちに僕の気持ちはどんどん高まっていった。演技レッスンに通っていたあの日々を思い出していた。

そして僕の出番がやってきた。

「何をしている!!」

そう言いながら舞台に飛び出していった僕はもう僕ではない。僕は王様になっていた。

僕は目を見開き、右手に持っていた杖で床を叩いた。いや勝手に叩いていた。役に入るとはこのことなのか、と今になってようやくわかった。

そして次の台詞を言った。

「なぜ誰もわしわしわしわしわしわしわしを呼びにこない」

時が止まった。

再生中のCDがとんだみたいな噛み方をした。

長田と阿部は完全に硬直していた。

とっさに長田はアドリブをきかせ「あの王様、わしわしわしとは」と言ったが我慢できず噴き出していた。

僕はなぜか「黙れ殺すぞ！」と言った。

僕が演じていた役が絶対言わない台詞だった。

それ以降二度と気持ちを入れることはなくなった。

> この辺りから一つ一つの日記が長い。

2014/01/24（金）あと口の周りにミネストローネがついていた

最近金曜日の方が都合がよくなってきたので金曜日更新。

毎年この時期になると舞浜のホテルの営業に呼ばれる。

ホテル内にあるステージで宿泊に来たお客さん達の前でネタをやるという営業。

今年はマキシマムパーパーサムさんともう中学生さんと一緒に行った。

この営業の良いところは、本番前の空き時間にこのホテルのバイキングを無料で食べられるというところだ。

控え室に入って荷物を置くとすぐにマキパーの長澤さんは「じゃあバイキング行こうか」と旅館来てすぐに温泉入るみたいな感じで言った。

ホテルのバイキングだけあって高級感が溢れており、カニとかハンバーグとかステーキとか、とにかくどれも美味しそうだった。

これのために何も食べてこなかったという村上は皿に盛った飯を頬張りながら「怖い」と言っていた。

「なにが?」と聞いたら「お腹がいっぱいになるのが怖い」と言った。

もう中さんは白子ポン酢をずっと食っていた。「もうずっと白子ポン酢食べてたいなー」と言っていた。言った直後に他のものも食べてた。

この営業担当の女性の社員さんも一緒にバイキングでご飯を食べていたが、もうほぼ毎日このバイキングに来ているためイチゴとトマトだけというすごいチョイスになっていた。

ちなみに僕はひたすらカニを食べた。カニを雑に食べてやった。

そんな感じで楽しいバイキングは終わり、本番になった。

トップバッターの僕達は元気良く飛び出し、マイクの前に立った。

こういう営業の時は毎回「金の斧、銀の斧」のネタをやるが、ネタに入る前に僕は「ちょっとお腹いっぱいになったんで眠いんですが」という軽いジョークを言った。

そしたら村上が「だめだよ。ちゃんとやりましょうよ」と言った。

そして僕が「金の斧、銀の斧に出てくる女神がやりたいよー」とネタ振りをしたら、

「じゃあー野田君。えーと。じゃあ野田君が、いや僕が斧落とすから。えーと野田君がえー、女神やって、えー湖から、えーと。出てきて」

と目をシパシパしながら言った。

口から白子ポン酢の匂いがした。

2014/01/31（金）「こうやるんだよ」の山田さんのジェスチャーは見事だった

ファミリーマート新宿靖国通り店の店内に小さなステージがあり、日替わりで芸人2組がそこでネタやトークやコーナーをする。

僕らもたまに出させてもらうことがあり、この前はボルサリーノさんと一緒にそのステージを盛り上げることになった。

ただ僕らとボルサリーノさんはほとんど絡みがない。ちゃんとうまく絡めるか不安だった。

不安なのは本番だけではない。控え室では僕らとボルサリーノさんだけという状態になる。

ただでさえ僕は楽屋トークが苦手なのに、会話を盛り上げるための共通点が2組にはなさすぎる。

まずボルサリーノさんは女性コンビ。だいぶ先輩だ。

そして一番問題なのは、失礼な話、すごい失礼な話だが世代が違う。ひと回り以上ボルサリーノさんの方が年上だ。

バ[redacted]アなのだ。

そんな人とどういう会話をしたらいいのか。バブル時代

の話か。知らねーよバブル時代。

テーブル1つに椅子4脚。こんなに密接した状況で無言でいるわけにはいかない。

何か会話を探していたらボルサリーノの関さんが「野田君なんか太った？」と聞いてきた。

僕は「あっ鍛えてるんです」と答えるとお2人は「見せて見せて、脱いで脱いで」と興奮し、控え室で上半身裸にさせられ「すごいすごい」とオバさん丸出しの反応をしてもらい、そこからなんとなく打ち解けた。

これなら本番も大丈夫だろう。

時間になり、ステージへ飛び出し最初の15分は2組でトークをした。良い感じだった。

そして後半はコーナーをやることになった。

コーナーはジェスチャーゲーム。

ボルサリーノの山田さんがお題をフリップに書き、僕がそのお題を見てジェスチャーをし、お客さんがなんのジェスチャーか答えるというシンプルなもの。

関さんの「スタート」という掛け声とともに山田さんがお題を書き始める。

最初は「野球」とか「アントニオ猪木」とかわかりやすいお題から始めるのが定番だ。

そして山田さんは書き終わったフリップを僕に見せた。

そこには「火消し」と書かれていた。

江戸の消防隊の「火消し」と書かれていた。

ジェスチャーゲームで初めて「火消し」というお題を見た。

僕が困惑していると、山田さんはそんな僕の様子を見て「ごめんごめん」と言いながらお題を書き直した。

そして書き直したフリップを僕に見せた。

そこには「火けし」と書かれていた。読みやすくなっていた。

世代が違いすぎた。

2014/02/07（金） たまたまその時に出てたらやばい

週5日くらいジムに行って体を鍛えてる。

ライブが夜からのときは朝か昼に行ったり、打ち合わせだけで仕事が夕方に終わったときは夜に行ったりする。

そんな感じで平日休日関係なしに通っていると、ジムのインストラクターは「この人はニートなんじゃないだろうか？」と思い始めてる、と思う。

ジム内に友達がおらず一人でモクモクとやっているし、ロン毛というのもかなり野田ニート説に拍車をかけている。

インストラクターは僕に対してそこにはあまり触れないようにしている。

僕はニート説を否定したいが、周りが触れないようにしているため否定できないでいた。

この前、新人のインストラクターが僕に「野田さんよく来ますね」と話しかけてきた。

僕は「あっはい」と返事をすると、その新人さんは「なんの仕事されてるんですか？」と聞いてきた。

ついにニート説を否定できるチャンスがやってきたと思った。

しかしここで「芸人」って言うのも何か嫌だった。

バイト先でも何でもそうだが「芸人」って名乗って良い思いをしたことがあまりない。

とっさの出来事だったので僕はなぜか「バーをやってます」と言ってしまった。

相方がバーで働いているというのと、バーという夜間の仕事なら朝や昼にジムに来てもおかしくないという理由からとっさにバーという仕事が出てきた。

新人さんは「へぇーどこでやってるんですか」と聞いてきたので僕は「下北っす」と適当に言った。

意外にぐいぐい聞いてくるので僕はドキドキしていた。

新人さんは「僕下北住んでるんですよ」と言った。

この瞬間僕の脳みそがフル回転した。

きっと次この人は店の名前を聞いてくるだろう。

僕は村上が働いていたバーの名前を思い出そうとした。

だが名前が出てこない。なんか鬼って言葉が入ってた気がしたが思い出せない。

そして新人さんは案の定「なんていう店ですか？」と聞いてきた。

僕は小さい声で「おに」と言った。

新人さんは「え？」と聞き返してきた。

僕は「おにのふるさと。鬼のふるさとです」と言った。

新人さんは「へぇどのへんですか？」と聞いてきた。

僕はもうどうでもよくなってしもきた空間リバティの場所を教えた。

新人さんは「じゃあ今度行きますね」と言った。

今度しもきた空間リバティに来るらしい。


このとき、すでにマッチョ。

2014/02/14（金）ぜんぶ雪のせいだ

外は大雪。

仕事は休み。

ジムは休館日。

100％家にこもっていい日。家でゴロ寝しながらコーヒーすすって、お客さんからもらったお菓子をつまみながらひたすらネットするということに何の後ろめたさも感じない日。

こうなってくると凄い。

完全に解き放たれてる。

時間の有効活用とかそういうことを一切考えなくなる。

もう同じ動画何回も見る。ほんとどうでもいい動画を何回も見る。垂れ流し。猫の動画とか見ちゃう。猫の動画垂れ流しながらいつの間にか寝る。起きたらまた見る。どっから寝てたかわからないからとりあえず最初から再生する。そしてまた寝る。無限ループ。

たまに動画を垂れ流しながらスマホでアプリをやる。どっちにも集中してない。僕は無の境地にいる。

テーブルの上には漫画も置かれている。結局読まないのは知っている。でも置くことに意味がある。

いつでもやれるようにゲーム機の電源がつけっぱなしになっている。

テーブルの上にはキーボード、マウス、漫画、ゲームのコントローラー、お菓子、コーヒーという状態。

こんなにグータラしてていいのか？　もっとお笑いのこと考えた方がいいんじゃないか？　とか一瞬思って録画してた『アメトーーク！』見てなんか充実した気分になってみる。そしてすぐまたネットで動画見る。

この日記にもオチとかない。オチなんて存在しない日。オチがないことに何の後ろめたさも感じない日。それが雪。

2014/02/21(金) あ、単独やります

こたつでうたた寝してるとき、ベランダから物音がしたので目をやったら、ベランダに知らないおばさんが立っていた。

僕は固まった。

これだけの怖いことが急に起こると人は固まるんだと知った。

なんだこのおばさんは。

お化けなのか泥棒なのか頭のおかしい人なのか。

いろんなことが頭をよぎり、僕は何故か上着を脱ごうと思った。

とりあえず上着を脱いで今の僕の筋肉を見せたらビビっ

て逃げていくんじゃないかと思った。

しかしおばさんは僕が上着を脱ぐ前に「ごめんなさーい」と言って消えた。

なんだったのか。


僕の家のベランダはちょっと特殊な構造になっていて言葉で説明するのが難しいが、簡単に説明するとマンションの廊下から僕のベランダに入れるようになっている。

でも廊下とベランダには鍵のかかったドアがあり、マンション自体も鍵がないと入れない。

マンションの廊下から話し声が聞こえる。

「びっくりしたー」

「どうしたんですか」

「人が住んでました。ここじゃなくて隣みたいです」

「あっほんとですか」

どうやらおばさんは不動産の人で、客に部屋を紹介しに来たが間違えて僕の部屋に来てドアの鍵が開かなかったのでベランダから入ってきた、らしい。

結果的に僕に新しいトラウマが生まれた。


隣の部屋から話し声が聞こえる。

「ここは日当たりも良くてすごく良い部屋ですよ」

「そうなんですか」

「一人暮らしの方でも安心して暮らせますよ」

急に人の家のベランダに入ってきた奴が言うなって思った。

2014/02/28（金）でもまたたぶんコントやります

僕らの単独は第1回目からずっと漫才1本、あとは全部コントという形でやっている。

そんな感じでやってると当然「なんで漫才もっとやらないんですか?」というアンケートをたくさん書かれる。

さらには「漫才もっと見たかった」とか、あと出待ちのお客さんに「漫才師のコントは見てられない。もっと漫才やった方がいい」というダメだしを単独終わりに30分くらいされたことがある。

そんなことを言われると熱くなってしまい、コントをやり続けてしまう。

アンケートに「コントを見れてよかった」と書かれるまでずっと単独ではコントをやり続けている。

そんな感じでずっとコントをやり続けた結果、去年は見事キングオブコント準決勝進出を果たした。

そして見事にTHE MANZAI、2回戦で落ちた。

お客様の意見は聞くもんだと思った。

2014/03/07(金) たぶんしばらく来ない

ジムのプールに行った。

泳ぐのは久しぶりで、ちょっと泳いだだけで息切れしてしまい休み休み泳いでいた。

しばらくクロールで泳いでいたが辛くなってきて途中から平泳ぎに切り替えた。

そして僕の遅い平泳ぎで端まで泳ぎ切ったところで後ろを振り向くと、僕の後ろを泳いでいたおばさんが僕のすぐ後ろに立っていた。

普通プールは前の人が泳いだらある程度間隔をあけてからスタートする。

しかし前の人が遅いと間隔をあけても追いついてしまう事がある。

僕は自分が遅すぎて後ろがつっかえてしまったと思い、とりあえずそのおばさんに前を譲ろうとした。

しかしおばさんはそれを無視し、僕はまた平泳ぎで端まで泳いだ。

そして後ろを振り向くとまたおばさんが僕のすぐ後ろに立っていた。

やはり僕の平泳ぎが遅すぎておばさんがつっかえてしまっていると思い、僕はまたそのおばさんに前を譲ろうとした。

しかしおばさんは無視する。

そして僕はまた泳ぐ。

端まで泳いで後ろを振り向くとおばさんはまた僕のすぐ後ろに立っている。

僕はおばさんに前を譲ろうとする。

おばさんは無視する。

行けよ。

前行けよ。

このおばさんはわざと前に行かない。

このおばさんはわざと後ろから僕に追いついて、僕に自分の泳ぎのスピードを見せつけにきている。

あんたが遅すぎてすぐ追いついちゃうわ、アピールをしている。

試しに僕が泳ぎだしてから後ろを振り向いたら、ほとんど間隔をあけずにスタートしている。

完全に追いつきにきている。

僕はイラッとして、一度全力のクロールで泳いでみた。

すべての力を出し絶対おばさんに追いつかせないつもりで端まで泳いだ。

そして後ろを振り向いたらおばさんはもういなかった。

プールサイドで若い男のインストラクターと話してた。

僕の前を泳いでいたおじいちゃんが申し訳なさそうに「追いつかれちゃうから先行って」と僕に前を譲った。

今のですべての力を出し切ったので気を失いそうだった

が、さっきまでのことがあり無視する気になれず、もう一度泳いだ。

後ろでおじいちゃんがつっかえていた。

2014/03/14(金) 各自で勝手にやってくださいとのこと

明日は単独。

ネタはすべて出来上がり、小道具や衣装も揃い、リハーサルは今日終えた。

後は本番を待つだけという状態。

このまま何もトラブルが起きないことを願いつつ楽屋でネタの確認をしていたら、この単独についてる作家さんが険しい表情で社員さんと話していた。

いったい何を話してるんだろうと気になって見ていたが、社員さんとの話を終えた作家さんが村上のもとに行き、困った表情で何かを伝えた。

それを聞いた村上はすぐに険しい表情になった。

かすかに聞こえる「まずいことになった」という声。

さすがに僕は焦り、2人に駆け寄り「どうした。トラブル?」と聞いた。

村上は「トラブルってわけじゃないんだけど」と言った。

僕は「じゃあどうしたの」と聞くと村上は神妙な面持ちで「打ち上げ代が出ないらしい」と言った。

僕は愕然とした。

2014/03/21(金) ちなみにゼラチンは村上が家で作ってきました

単独の小話をいくつか。
・マイメロディのコントがあり村上がマイメロディの格好で登場したが、村上の汗がすごくてコント中マイメロディの目が取れてしまった。何度つけ直してもすぐ取れるので、目を取ったまま続けた。

単独のエンディングで取れた目がまだ床に落ちていたので取ろうとしたが、すごい粘着力で全然取れなかった。

これだけ粘着力が生きてるのにコント開始2分くらいで取れるって顔からどんな勢いで汗が吹き出てるんだと思った。

・禁断のベンチプレスというコントで自分の肩に黒い模様を描いた。その模様の力で莫大なパワーが発揮されるという設定だが、その黒い模様を単独が終わっても消すのを忘れていた。
そして僕は単独終わりにジムに行っており、そのジムでベンチプレスをやる時に気合を入れるためTシャツの袖を肩までまくったら、そのマジックで書いた黒い模様が丸見えになった。

僕はすぐに気づいて急いで袖を戻したが気づいたインストラクターが僕に近づき小声で「タトゥー入ってるんすか？」と言ってきた。説明のしようがなく僕は「酔っ払って」と言った。

酔っ払ってマジックペンで落書きしたという意味で言ったが、どう考えても言葉が足りてないのでたぶん「酔っ払ってタトゥーを入れた」と思われてる。

・ゼラチンお化けというコントがあり、内容は村上が実はゼラチンで、もうすぐゼラチンになってしまうというもの。
コント中にずっとゼラチンが舞台の中央に置かれていたが、そのゼラチンがめちゃくちゃ臭かった。

なんとか我慢して、無事コントは終わった。

そのコントの後は単独をしめくくる漫才。

勢いよく飛び出した最初の村上の第一声「村上です」のときの息がゼラチン並みに臭かった。本当にゼラチンになってしまったんじゃないかと心配した。
・単独終わりに打ち上げがあると言われ、打ち上げ代も出ないのにやるんだなと思いながら、若手の作家さんについていき案内された先が日高屋。しかも6人。これは打ち上げじゃない。ただライブ終わりに飯食いに来ただけだ。

2014/03/28（金）正直ツインテール萌え

ハーフ芸人のニコラスと最近一緒に仕事をする機会が多い。

彼はゲーマーで僕もゲームをよくやっているのでゲームの仕事でよく一緒になる。なので楽屋でも結構ニコラスと話すことが多い。

話して思ったのが彼はだいぶ[redacted]わってる。

楽屋で彼が持ってるｐＳ ｖｉｔａで『ゴッドイーター2』というゲームをやっていたときのこと。

彼のデータを使ってプレイしていたが、まず彼の使ってるキャラが若干やばい。

最近のゲームは最初に自分が使うキャラクターの容姿や髪型、服装などを自分で決めれるが、彼が使っていたキャラは女の子でツインテールで超ミニスカート。

戦闘中しょっちゅうパンツが見える。

そんな奴が巨大ハンマーで化物と戦っている。

僕は「ツインテールが好きなのか？」と聞くとニコラスは「ツインテール好きです。でもどんなキャラでもツインテールが良いわけじゃないです。ツインテールがハンマー使ってるのが良いんです」と言った。やベーなこいつと思った。

そこからネットゲームのネカマの話になった。

ネカマとは、ネットゲーム内で男が女キャラを使い女性を装うことを言う。

ネカマって気持ち悪いよな、みたいな話を僕がしてたらニコラスは「ネカマの方がむしろ良い」と言い出した。

僕は「いやなに言ってんだおまえ」と言うとニコラスは「女が作った女キャラより男が作った女キャラの方がかわいい。だからネカマの方がむしろ良いです」と言った。「いや、でもそのかわいいキャラを男が使ってるんだぞ?」と言うとニコラスは「それでもかまわない」と言った。[redacted]わってると思った。


しかし芸人同士だとこういう引きこもりの会話ができないからなんだか新鮮だった。

ゲームの仕事の終わりに僕がニコラスに「ゲームの仕事とかもっとあれば良いのにな」と言うと、ニコラスは「あっでもさっきゲームの仕事1本取りましたよ」と言った。

意外と仕事はできる奴だった。

2014/04/04(金)そんな仲良しの2組がお送りするライブに是非お越しください

4月19日にライパッチさんと合同でライブをやる。その打ち合わせを行った。

お互いネタを6本やることが決まり、それだけだと時間が余るので2組でコーナーもやることになった。

なんのコーナーをやるか案を出し合ってるときに、僕が最近マッチョになったという話になった。

そしてライパッチのかっこ良くない方が「ちょっと脱いでみてよ」と言った。

僕は上半身を脱ぎ、ライパッチの小林さんは「めっちゃすごいやん」みたいな感じになった。

しかしライパッチのかっこ良くない方が「でも俺絶対負けへんけどな」と言った。

どう見ても体は痩せ細っているが、どうやら負けないのは体ではなく喧嘩だそうだ。

かっこ良くない方はテコンドーを3年やっているらしく、村上は「いや、でもすごい体ですよ」と言うがかっこ良くない方は「いや負けへんよ」と強気な姿勢を見せた。

そもそも僕は別に格闘技やるために鍛えた訳ではないのでそこに何のプライドもなく「でしょうね」と言っても、かっこ良くない方は「体柔らかいの？」とやたらつっかかってくる。

いい加減しつこくなってきたので「田中VS野田みたいな企画やるか？」と小林さんが話題を何のコーナーをやるかに戻してくれた。

じゃあコーナー考えますか、という空気になってホッとしたがかっこ良くない方が「いやーでも体鍛えるとそうやって脱ぎたがるんやな」とほざき、僕は「おまえが脱げって言ったんだろおー」と吠えた。

その瞬間怒りで僕の体は2倍に膨れ上がり服が全部破けたとさ。

うっそでーす。

> 半年前に比べて体重は15kg増え、周りから「どうなりたいの？」と言われるようになった。僕は球体になりたい。

2014/04/11（金） スカウトされたい

平日の午前11時くらいにジャージでマックに行った。

レジに並んでるとき、たまたま携帯で「マクドナルドがマッククルーのスカウトをしてる」という記事を見た。

「フリーター及び、ニートっぽい人に店員が声をかける」と書いてあった。

足が震えた。

平日の午前11時にジャージでマックに行く奴は良くてフリーターだ。

絶対スカウトされる。絶対声をかけてくる。

汗が止まらない。

ついに自分の番になった。

僕は声を震わせながら注文を言った。

ずっとビクビクしていたが、結局スカウトはされず注文をおえた。

なんか嬉しかった。

スカウトされない。つまりフリーターとかニートに見えなかったということだ。

それがなんか嬉しかった。

椅子に座ってポテトを食べながら、さっきの記事をもう一度じっくり読んだ。

よく見ると「会話が苦手そうな人はスカウトしない」と書いてあった。

やかましいわと思った。

2014/04/18（金）莫大な金を募集中

ジムだとかバスケだとか、なんか体動かすのが大好きな体力有り余り野郎みたいに最近なってきてるので、たまにはオタク要素全開でいこうと思う。

前期のアニメは『鬼灯の冷徹』と『となりの関くん』を見た。

最近はもう何も考えずに見れるアニメしか見たくない感じになってきてこの2つは凄く良かった。

いつか莫大な金が入ったらどっかの山奥でずっとこういうアニメを見て過ごしたいと思った。

今度のニコニコ超会議で『東方』のイベントがあり、ニコニコ動画も『東方』も好きな僕としては是非とも行きたい。

一人で行くのも寂しいのでゴールドラッシュのどいちゅーさんに「今度のニコニコ超会議行かないんですか？」と聞いたら「いやっえ？　あっ行かんけど。え、なに？」とコミュ障を全力で出してきたので誘うのをやめた。

いつか莫大な金が入ったらどいちゅーさんをそういうのが治るセミナーに通わせてあげようと思った。

『ハンター×ハンター』が全く再開されない。

あと地味に僕は『ハルヒ』の新刊も待っている。

『ハルヒ』に関しては謎しか残ってない。『ハルヒ』とは結局なんだったのか。未だこんなに気になってるのは僕だけだろうか。

でも正直どちらももう絶望的なんじゃないかと思い始めてる。

10年後くらいに「10年ぶりの再開決定」みたいになるんじゃないかって思い始めた。

いつか莫大な金が入ったら寿司を食べようと思った。

2014/04/25（金）後半のたたみかけ

近所を歩いてるとき、たまたま僕が行ってるジムのインストラクターに会った。

向こうが最初に「あれ野田さん。この後ジム行くんですか？」と聞いてきたので僕は「あっはい。そのつもりです」と答えた。

インストは「そういえば今日ジム閉まってから送別会があるんですよ」と言った。

「誰のですか？」と聞くと「同じジムのインストラクターです。時間的に野田さんは会わないかも」と言った。

僕は「へぇー」と言うとインストは「野田さんは行くんですか？」と聞いてきた。

僕は「え？　なにになですか？」と聞くとインストは「送別会です」と言った。

いや行くかーい。

ジムのインストラクターのしかも知らん人の送別会行くかーい。

そんな叫び声が喉から出掛かっていたが抑え、僕は「いやちょっと都合悪いんで」と言うとインストは「そうですか、じゃあ僕からよろしく言っておきます」と言った。

いや言わなくていいー。

よろしく言わなくていいー。

喉から出掛かっていたが抑え、僕は「あっじゃあよろしくお願いします」と言ったらインストは「了解です」と言って敬礼みたいなポーズをとった。

いやうざー。

敬礼みたいなポーズ、うざー。

僕は「この後仕事ですか？」と聞くとインストは「ちょっと、まぁこれです」と言って小指を立てた。

きっつー。

僕は「じゃあまた」と言ったらインストは「うん。またよろしく」と言って敬礼した。

いやまた敬礼ー。

あと急にタメ語ー。

僕も敬礼したら全然見てなかった。

いや見といてー。

んんん、終わりー。


2014/05/03（土）そんで一応検討するんかい

フジテレビで最近始まった『うつけもん』という番組のオーディションに行って来た。

ネタ番組ではあるが、番組のスタイル的にあまり漫才は合格しにくいという情報だけ聞いて、じゃあ何をやろうと頭を悩ませた。

そこでふと僕が以前プロデュースした好井単独ライブを思い出した。

その好井単独ライブの中に「オ[redacted]マアントニオ猪木船長ポリスメンのフリップギター漫談マジックショー」というネタがあった。

パンティーとブラジャーという姿に、赤タオルを首にかけ、右手がフックになっていてギターを持って登場した時の好井は完全にうつけもんだった。

今こそあのネタを世間に見せるときだ。

僕は無限大ホールからブラジャーとパンティー。赤タオルにフック船長のフック。そしてギターケースを借りオーディションの会場へと向かった。

会場に着くと、すぐに出番だということで僕はパンティーとブラジャーをつけ、赤タオルを首にかけ、右手にフックを取り付け、ギターケースとフリップを持ってオーディションが行われている部屋に村上と入った。

まず僕の姿を見て審査員は真顔だった。

まぁまぁまぁいいでしょう。さぁネタを見てください。

「どーもー。オ[redacted]マアントニオ猪木船長ポリスメンでーす」

まだ審査員は真顔。へぇー。粘るじゃん。

「やんのかこのやろう。元気があれば、逮捕しちゃうぞ。今日も面舵いっぱーい。ダー」

まだ審査員は真顔。はいはいはい、そういうことね。

「ありがとうございましたー」と真顔のままネタは終わった。

審査員が「どうぞ椅子に座ってください」とパイプ椅子2脚を用意し、僕らはそれに座った。

重い空気の中、審査員の第一声は「パンティーとブラジャーはちょっと」だった。

確かに、と思った。

第二声が「あと、村上さんの存在意義がわからないです」だった。

確かに、と思った。

そして第三声が「長いです」だった。

確かに、と思った。

「とりあえず検討します」と審査員が言って僕らは部屋から出た。


次の出番を待っていた後輩たちがドアのガラス越しに僕らの様子を見ていたようで、1人の後輩が「あの姿でパイプ椅子に座って審査員の話を真面目に聞いてる野田さんは完全にうつけもんでした」と言った。

確かに、と思った。

2014/05/10(土) またねーみたいな

麒麟の田村さんと大西ライオンさんと仕事で一緒になり、仕事終わりに田村さんが「代々木公園のストリートバスケ行くか?」と誘ってくれたのでついていった。

車の中で田村さんは「たぶん平日やし人おらんかも」と言っていたが着いてみるとたくさんの外国人たちで盛り上がっていた。

僕は「あの中に飛び込んでいくのはちょっと厳しいですね」と言ったら田村さんはコートに入って「へーいカモンカモン」と外国人たちの輪に入りすぐに溶け込んだ。

そして僕らも試合に交ぜてもらえることになった。

田村さんのことはどうやらみんな知っているようで、田村さんは「大西ライオン知らん?」と聞いたがみんな首をかしげていた。

田村さんが「心配ないさーって知らん?」と聞いたら

「え？　あのひと？　ほんとうに」と驚かれた。

もちろん僕のことなど知ってるはずもなく、僕は「野田です」と簡単に自己紹介したら「ヨーダ。よろしく」と言われた。


正直体格も技術も比べ物にならなかったため何も出来なかったが、外国人たちはみんな優しく「ヨーダナイスだよ」「ヨーダ最高だよ」と仲良くしてくれた。

いいかげん「ヨーダ」が気になってきたので「野田です」と改めて自己紹介したら「ヨダー。ナイスプレイ」と言われた。


そんな感じで日が暮れるまで僕らは楽しくバスケをした。

最後に外国人たちと固い握手を交わし「ヨダー、またね」と言われ僕は改めて「野田です」と言ったら、外国人も「ノダデス」と言って去っていった。

なんか「ノダデス」が日本の挨拶なんだと思われたっぽい。

2014/05/16（金）今週の日曜日は野田スクールクリスタルだよ。まじワロス

博麗神社例大祭に行って来た。

博麗神社例大祭とは、『東方Ｐｒｏｊｅｃｔ』というインディーズゲームのイベントでコミケみたいなものだ。

まるで常連みたいに説明したが、実はこういうイベントに参加するのは初めてで、しかも一人。

『らき☆すた』で得たコミケの知識を頼りに僕は会場の東京ビッグサイトにやってきた。

全国からとんでもない数の東方ファンがやってきていて中に入るとまともに前に進めないくらい人で溢れ返っていた。

そして近くにいた人の会話を聞くと、はっきりしない声で「ワロス」とか「まじ貴様ゆるさん」とか言っていて、なんかわからないがいよいよ僕もこのステージにやってきたなって思った。

会場内には多数のエロ同人誌が売られていて思わず手に取ったが、売り子がコスプレをした女の子だったのですぐに戻した。

ビデオ屋の店員が女の子だということに気づいて手に持ったAVを棚に戻したあの日を思い出した。

あと同人誌を初めて手に取ったが、よく同人誌をネットでは薄い本なんて呼ぶが本当に薄かった。

中には10ページちょっとの同人誌とかがあり、しかもそれを「どうぞ試しに読んでみてください」なんて言うもんで試しに読んだら全部読んでしまいそうになった。

それとやはりコスプレしている人が多かった。

結構男でもコスプレをしている人がいて、本気で女性キャラのコスプレをしている男とか見て、よくやるなと思った。

しかしそういえば僕もいろいろコスプレをしてたのを思い出し、ラムちゃんの姿をしたりしたのを思い出して今更恥ずかしくなってきた。

彼らも早く恥ずかしくなればいいのにと思った。

そんなこんなでとても楽しんだが、反省点も多かった。

まず行くところをある程度決めておいた方がいいこと。

大き目の手提げ袋を持ってくること。

露出度の多いコスプレイヤーを見て紳士ぶって視線をそらさないこと。

次回は11月。

まず一緒に行く友達を探すことから始めてみようと思った。

2014/05/23（金）トップの写真も変えない

5月19日、魔法のｉらんどが大規模なメンテナンスを行った。

メンテナンスの最中はホームページの編集はもちろん、掲示板への書き込み、日記の投稿などすべての機能が一時停止した。

これはただごとではない。

プログラマーという名の匠たちが魔法のｉらんどを大きく変えようとしている。

匠たちによって魔法のｉらんどはどう変わるのか？

5月21日、ついにメンテナンスが終了した。

匠たちの手によって生まれ変わった新たな魔法のｉらんど。

さぁ何が変わったのか？

まずこの日記の機能を確認する。

まぁ、なんということでしょう。

日記という機能は匠たちの手により廃止され、ブログに生まれ変わりました。

突然の日記との別れ。そんな別れを惜しむ間もなく僕は次に掲示板を確認する。

まぁ、なんということでしょう。

あんなに見やすかった掲示板は匠たちの手により廃止され、スレッド式掲示板に生まれ変わりました。

もう僕ですらあの掲示板は見たくもありません。

まぁ、なんということでしょう。

「野田の日記」と「メール」の間のスペースがどうやっても空きません。

Ａ型の僕はあそこだけスペースがないのが気になって発狂しそうです。


他の機能などもいろいろ確認した結果、僕は思った。

これリニューアルじゃないですやん。

機能の縮小ですやん。

終焉に向かってますやん。


でも僕は魔法のｉらんどを辞めない。

日記の背景が目に悪そうな黄色なのもやめないのだ。


2014/05/30（金）結局殺さなかった

僕は温水洗浄便座がないと大ができない。

できないことはないが、温水洗浄便座がないと肛門から血が出るまで拭いてしまう。


この前のシアターブラッツの出番のとき、出番直前でお腹の調子が悪くなったので一旦トイレに行こうと思った。

シアターブラッツのトイレは小の方は使っていたが大は使ったことがない。

こんだけ古い劇場だからおそらく温水洗浄便座はついてないだろうが、そこは我慢しようと個室のドアをあけるとそこには和式便所があった。

和式便所は僕の中で論外だった。

和式便所はトイレじゃない。

大ができないとわかった瞬間、余計にお腹が痛くなってきた。

僕は考えた。

出番が終わってから、近くのコンビニとか行って済ますか？

いや、出番が終わるとすぐにエンディングで全員集合になるのでトイレに行く時間がない。

このお腹の具合から考えるとライブ終了までもたない。
自分たちの出番まで後10分程度。コンビニまで5分で行けるはず。
僕は走った。とてつもない速さで走った。このために鍛えていたのか、と気づいた。
そしてコンビニに着き、トイレに駆け込む。
ドアに貼紙がしてある。
見ると「ただいまトイレ修理中」と書いてあった。
少しだけ屁が出た。
びっくりして屁が出たのだ。
コンビニというのが甘えだった。
あわよくば温水洗浄便座を使いたいという僕の甘い考えに神様が怒ったんだ。

僕はすぐに外に出て周りを見渡した。そしてカフェを見つけた。
もうカフェのトイレを使うしかない。
僕はカフェに駆け込みとりあえずコーヒーを注文した。
何も頼まずトイレを使うわけにもいかない。
コーヒー1杯500円。くそやろう。
右手でコーヒーを持ち左手でベルトをゆるめ、トイレに一直線に向かった。
トイレのドアの鍵に目をやる。
赤い。
また屁が出た。
なんでびっくりすると僕は屁が出るんだろうと思ったが、今はそれどころじゃない。
「漏れそう」と「出番もうすぐ」という状況で僕の理性が飛びそうになった。
3分ほど待ったが空かない。もう無理だ。

漏れそうなのが無理じゃなく、出番がこのままだと間に合わない。

やむを得ず僕は500円のコーヒー片手に会場に戻った。

「俺はいったい何をしているんだ」と走りながら自分を責めた。

そして会場に着くと自分達の出番はまだだった。

もう踏んだり蹴ったりで疲れきっていたが、とりあえず和式でもいいから大をしようとトイレに駆け込んだら、ポテ少の中谷さんが中に入っていて「ゲリやわー」と言っていた。

もう中谷さん殺しちゃおうかなって思った。


温水洗浄便座がないときは一旦水を流し、トイレットペーパーを水につけて肛門にトントンする。

2014/06/06(金)あと、からあげめっちゃ食った

麒麟の田村さんとはバスケを通じて仲良くさせてもらい、その日もバスケをした後ご飯に連れてってもらった。

僕以外にも数名いて、みんなはビールを頼んだが僕はお酒が飲めないので最初はコーラを頼んだ。

あんまりソフトドリンクばっか頼んでも申し訳ないと思い、それ以降はお冷にした。

そして僕がお冷を飲んでいたら隣にいた田村さんが「それお酒?」と聞いてきた。

僕は「あっいやお冷です」と言うと田村さんは「ほー」となぜか感心し「さすがやな」と小声で言った。

僕には何が「さすが」なのか分からず「うっす」と適当に返した。

最後に僕はアイスを注文し、後輩の僕らは田村さんにご馳走になりその日はお開きになった。

それから家に帰ってネットをしていたら、田村さんの名前がヤフー検索の急上昇ワードに入っていて気になったので検索してみた。

調べてみるとその内容は「田村さんは最近お金がなさ過ぎて実はバイトしている」というものだった。

嘘だろと目を疑った。

「最近貧乏や」とは言っていたが、まさかそこまでとは思わなかった。

あのときの「さすがやな」はそのまま、お金のかからないお冷を頼んでいることに対しての「さすが」だったのだ。

でもお金がないのに後輩に飯を奢る田村さんが一番の「さすが」だと偉そうに僕は思った。

なんにせよ、田村さんからの評価が上がったことが僕はとても嬉しかった。

が、最後に調子乗ってアイス注文していたのを思い出し頭を抱えた。

2014/06/14（土） その後なぜか力がこみ上げてきた

筋トレは体に良くないのかもしれないと思った話。

その日僕はジムで「デッドリフト」という筋トレをしていた。

背筋測定をやったことがある人はイメージしやすいと思うが、動きはそれと同じで床に置いたバーベルを背筋を使って両手で持ち上げるというトレーニング。

このデッドリフトは筋トレの中でも一番重い重量を扱える筋トレで、しかも毎週のように重さを増やしていけるくらい筋力の成長も早い。

最初は60ｋｇくらいしか上がらなかった僕も半年で190ｋｇまで持ち上げられるようになり、この日はついに200ｋｇに挑戦した。

一度マックスに挑戦すると2回目はもう神経が疲れてるのでマックスパワーが出ない。

つまりこの1回目が勝負。僕は呼吸を整え、フォームを確認し、バーベルを握る。

そしてゆっくりと力を入れていき、バーを持ち上げた。上がる。ちょっとだけ上がる。

いける。しかしバーは膝の位置まで来たところで止まる。あともうちょっとで上がりきる。ただそのちょっとがいかない。

僕はさらに力を込め、体の奥底に秘めているはずのマックスパワーを絞りだした。

しかしバーは最後まで上がりきることなく、僕は力尽きた。

惜しかった。あともう少しで200kg成功した。

僕はバーを床に置き、バーから手を離した。次の瞬間、僕は気づくとしりもちをついていた。

力尽きてしりもちをついたのではなく、いつの間にかしりもちをついていた。

一瞬なにが起きたのかわからなかった。

こたつでいつの間にか寝てしまっていたかのような寝ぼけた感じ。

ぼやけていた視界が少しずつクリアになっていき、僕はようやく意識が飛んでいたことに気づいた。

力込めすぎて一瞬だけ飛んでいたのだ。

幸いぶっ倒れるようなことはなくしりもちをついただけなので大事にはならなかったが、近くにいたおじいちゃんだけが僕の様子に気づき駆け寄ってきた。

おじいちゃんはペットボトルを僕に差し出し「飲め」と

言った。

僕はそれを飲んで、おじいちゃんに「ありがとうございます」と言った。

そしてペットボトルを見てみると中身が紫色だった。

おいじ[redacted]い何を飲ませたんだって思った。

2014/06/20(金) タバコを持つ手は震えていた

大会の初戦は毎回緊張する。

それが1回戦からでもシードで2回戦からでもその大会の一発目というのは一番緊張する。

「1回戦で負けるわけがない」なんて言葉をひと言でも発してしまえば負けフラグが立ち1回戦で落ちてしまうんじゃないか、と不安になりネタが終わるまで一瞬も気を抜けないのだ。

だから僕は1回戦でも緊張する。

緊張するからこそフラグが立たず、終わった後に「緊張する必要なんてなかったな」なんて笑いながら言えるようになるのだ。

緊張することこそ1回戦の必勝法。僕は自分にそう言い聞かせた。

しかしそんな中、緊張した様子を一切見せずすました顔でタバコをふかす男がいた。村上だ。

出番前、近くにいたこりゃめでてーなの大江が村上にひとつ質問した。

「去年まではシードで2回戦からスタートだったけど、今年は1回戦からスタートじゃない？　気分はどうなの？」

村上はタバコをふかしながらこう答えた。

「だりぃ」

やべぇ。

僕が審査員だったら、どんなに大爆笑をとったとしてもこいつは落としたい。

さらに彼は出番直前まで「ネタ合わせしよう」と言ってこない。

ネタ合わせせずに出るわけにはいかないので、出番直前で僕が「1回やっとこう」と言うと、彼はダルそうに「あい」と言った。

終わってる。まじで落ちそう。

せめて僕だけは気を引き締めて挑もう。

僕は深呼吸をする。

そしてついに僕らの出番になった。

勢いよく舞台に飛び出す。

そして第一声。村上の自己紹介。

「むらかみです」

僕は思った。

声でかっ。

付き合いが長いから分かる。彼は緊張するとスーパー声でかくなる。

その後の彼の「ボディガードになりたいだってー?」もスーパー声でかい。

彼の表情を見る。固まってる。

スーパー緊張してる。

そう、彼はずっと緊張していたのだ。

そんな彼を見て僕は一気に力が抜けた。

結果ネタは良い感じの手ごたえがあり、結果を見ると無事通過していた。

出番が終わり、近くにいたサンシャインのわっしょいが村上に「緊張しました?」と聞くと村上はタバコをふかしながらこう答えた。

「何回出てると思ってんの?」
彼はダサかった。

2014/06/28(土) 残像というワードを僕はやたら使うらしい

井下好井の好井が「最近僕日記に出てきてないじゃないですか。どうなってるんですか」とルミネの舞台袖で詰め寄ってきたので、今日はこんな好井の右乳首は嫌だ、を考えてみた。

・左の5倍臭い
・左ばっかいじられるので嫉妬してる
・左にある
・「嫁専用」って書いてある
・とんでもない勢いで回転してる
・実は左乳首の残像だった
・自分が一番好井の事をわかっていると自負している
・おまえは乳首だ、と言っても信じない
・井下の右乳首と付き合ってる
・右乳首から先に倒さないと好井は何度でも復活する

次回はこんな好井の右乳首毛は嫌だ、を考えてみるよ。

2014/07/05(土) なんかその日ずっとモヤモヤした

本社での用事を済ませ、軽くゲーセンで格闘ゲームをやっていたら後ろからマキパーのつよしさんが現れた。で、隣同士でしばらくゲームをやって「そろそろ帰るか」と一緒にゲーセンを出た。

僕は何気なく「このまま駅まで行く感じですか?」と聞いた。

自分で言っても、なんか周りくどい言い方だなって思った。

普通に「帰り電車ですか?」とか「駅まで行きますか?」でいいのに何か微妙な言い方になってしまった。

「このまま駅まで行く感じですか?」の「このまま」がちょっとひっかかる。

別に普段なら気にならないが、吉本の先輩に対して言うと微妙に飯を誘ってる感がちょっと出てるのだ。

「もうこのまま帰っちゃう感じですか?」「飯でも行きませんか?」みたいなニュアンスがほんの少しだけ含まれてしまっている。

普段は近所の兄ちゃんみたいな感じで接しているつよしさんだが、やはり彼も吉本の芸人。

ちょっとだけ「お?　え?」みたいな微妙な反応を見せる。

確実に「あれ?　こいつ飯連れて行ってほしいんか?」みたいな感じが出てる。

僕は慌てて「あっ僕は新宿駅まで行きますけど」と、もう帰りますよアピールをする。

つよしさんは「いやっおれバイクやし」と言って、止めてあったバイクにすぐにまたがり「じゃ」とすぐに僕に別れを告げた。


いやどんだけ飯行きたくないんだよと思った。

2014/07/11(金) 僕は妖怪

ジムから出て、その日は雨だったのでジムの入り口にある傘置き場で自分の傘を取ろうとしたら自分の傘がなかった。

いつも覚えやすいように角に自分の傘を置くようにしてるが、見当たらない。

もしかして別の場所に今回は置いたのだろうか？　と思い傘を見て回る。

しかし見当たらない。外はどしゃぶりなのでここで傘がないのは痛い。

もう一度入念に傘を見て回る。


するといきなり後ろから「なにしてんだ!!」と怒鳴り声を浴びせられた。

急に大声を出されたのでびっくりして恐る恐る顔だけ振り返ると、長髪の太ったおっさんが僕を睨みつけていた。

おっさんは「なにしてんだって聞いてんだ」とさらに僕を怒鳴りつけた。

全く意味がわからない状況に僕は半身だけおっさんに向けて「自分の傘探してるんですが」とテンパりながら答えると、おっさんは「てめぇ抜ける傘探してんだろ」と言ってきた。


え？　と思った。

ここの傘置き場にはそれぞれ鍵がかかってる。おっさんは僕が鍵がかかってない傘を見つけてパクろうとしてると思ったらしい。

誰がそんなことするかよ、と思ったがしかし言葉が出てこない。

実際傍から見たらそう見えるのかもしれない。下手な言い訳をすればより疑われるだろう。

というかいきなり怒鳴りつけるということは、この傘置き場ではそういうことがよく起きているということなんじゃないだろうか。

そもそも僕の傘がないのも考えてみたらパクられたからなんじゃないだろうか。

おっさんの僕を疑う目の色は消えない。

いったいどう説明すれば誤解が解けるだろうか。

やはりこういうときは嘘偽りなく今自分が置かれてる状

況をちゃんと説明した方が良いだろうと思い、説明するため僕はおっさんの方に体を向けた。

するとおっさんは僕の体を見て「え？」みたいな顔をした。

ジム終わりでパンプアップして鬼みたいな体になった僕を見て「そんな体だったの？」みたいな顔をした。

僕はつたない説明だが必死に今の状況をおっさんに伝えた。

しかしおっさんは聞いてない。僕の鬼みたいな体に夢中だ。

わかってくれたかな？　とおっさんの顔をおそるおそる見るとおっさんは僕から目線をそらし「あ、あぁならいいよ」と急いで傘を取って消えていった。

体を鍛えて約半年。初めて筋肉が役に立った瞬間だった。

2014/07/19（土）言う男、それが野田

朝のバスケ。

今日は僕の知らない後輩がたくさん来ていた。みんなうまかった。

途中からひのでのおばたが来た。

おばたはバスケ経験者ではないが、持ち前の運動能力でカバーしていた。

とにかく走る。

朝から凄い走る。とんでもないスタミナの持ち主だなと思った。

バスケが終わりロッカールームでおばたに「やっぱすごい体力だなー」と言った。

彼は「ありがとうございます」といつものように礼儀正しく返事をした。

僕はふと「そういえば今日遅れてきてたけど、この前に

なんかあったの?」と聞いたらおばたは「あっ野球してました」と言った。

うっそーんと思った。

っていうか言えよって思った。

僕なら来たと同時に「いやーさっきまで野球してたんすよー」と誰も聞いてなくても言うだろう。

現に僕はさきほど誰も聞いてないのに「いやー筋肉痛でうごけねーわー」と言っていたところだ。

僕が聞かなかったら誰も知らなかった事実。

そう、彼は言わない男。


前に神保町花月で一緒になったときも、稽古中おばたが何度も甘噛みする日があって「しっかりしろよ」と叱られていた。次の日熱を測ったら彼は39度出ていたらしい。しかし彼は言い訳ひとつせずに「すいません」と謝り続けていた。

彼は言わない男なのだ。


駅までの帰り道。

僕は後輩達と一緒に駅まで向かった。

面識のない後輩ばかりで向こうも僕に気を遣っているため、僕は必然的におばたと喋りながら歩いた。

そして駅に着き、改札を入って「じゃあお疲れ様でした」と解散するとおばたが「あっ僕そういえば地下鉄でした」とうっかりした顔で「すいません、お疲れ様でした」と一度入った改札を出て行った。


こいつもしかして帰り道先輩の僕が1人にならないよう、わざわざ駅の中までついてきたのではないだろうか。

しかし彼はそれを言わない。

言わない男、それがおばた。

2014/07/26（土）こうかはばつぐんだ

単独のネタ合わせを本社でしていた。
なかなか良いネタが思い浮かばず、僕と村上はずっと下を向いたまま沈黙していた。
もう1ヶ月切っている。
そろそろ何かを生み出さなくてはいけない。
僕は一旦ペンを置いて腕を組み、目をつぶって集中した。
なんでもいい。なにか思いついてくれ。

すると唐突に「ピシャーン」と雷が鳴り響いた。
どうやらいつの間にか外はどしゃぶりで雷も落ちているようだ。
雨の音を聞きながら「今日傘忘れたな、どうしようかな」とか考えていた。
さらに大きな音で「ピシャーン」と雷が鳴り響いた。
すると村上が首をすくめながら「ひー」と言った。
は？ と思った。
僕は気にせずネタを考えた。

途中、御茶ノ水男子の佐藤がいたので3人で雑談していた。
雑談している最中、また雷が落ちた。
すると村上がまたビクッとしながら「ひー」と言った。
後輩の佐藤は一応「え？ 村上さんどうしたんですか」と聞いた。
村上は「いや僕雷怖いんだよー」と言った。
また「ピシャーン」と雷が落ちた。
村上は「ひー」と耳をふさいだ。

いやいやいや。
そんな設定なかったですやん、と思った。
村上ともうそこそこ長い間コンビを組んでいるが、一緒にいるときに雷が落ちたことは何度かあるだろう。

でも雷怖い設定なんてなかった。

なぜか彼は急にここで雷怖いキャラを作りだした。意図がわからない。

それ以降村上は雷が落ちるたびに「ひー」と驚いてみせた。

女子ならまだしも、デブメガネ野郎の雷怖がる姿見せられて僕はいったいどうしたらいいんだろう。

収拾が付かないので僕は「なんで雷怖いの?」と聞いてあげた。

村上は「うーん」と考えた。

そしてひと言「水属性のモンスターだからかな」と言った。

ちょっとよくわからなかった。

2014/08/01(金)しかも猛烈に臭い

たぶん5年くらい連続で8月1日に風邪をひいてる。

そして僕らはなぜか夏になると神保町花月のお芝居が入る。

お芝居の深夜稽古と風邪の相性は非常に悪く、さらに神保町花月の稽古場そのものの衛生面も良くない。う[redacted]こみたいな菌が飛び交っている。

しかもう[redacted]こみたいな芸人が集まってう[redacted]こみたいなことをしているのだ。そりゃ風邪も悪化する。

といっても実はまだ深夜稽古は始まっていない。

今回はどんなお芝居になるのだろうか? メンツを見てみる。

う[redacted]こみたいなメンバーだった。


そしてう[redacted]こみたいな日記

2014/08/09（土）来週は単独

ブックオフで立ち読みしてたら、後ろからメガネをかけた小学生くらいの男の子に「すいません」と声をかけられた。

僕は「はい」と言って振り向いた。

男の子は「今お時間ありますか？」と僕に聞いてきた。なかったらブックオフで立ち読みしてないだろと思ったが、僕は「うん。あるよ」とやさしい口調で返事をした。

そしたらおもむろに男の子はポケットから1000円札を4、5枚取り出し僕に差し出してきた。

男の子は「あのー。ほんとできたらでいいんですが、これで機種変更してきてくれませんか？」と言った。

は？　と思った。

男の子は「なんか機種変更したかったんですけど、18歳未満は親がいないとできないらしいんですよ。なので僕の代わりに機種変更してくれませんか？」と言った。

今お時間ありますか？　の規模の話じゃなかった。ごっそりお時間持ってかれるやつだった。

確かにブックオフで携帯売ってるのは見たことあるが、そもそも他人が機種変更なんてできるのだろうか？

なんにせよ、こんなめんどいことに付き合いたくないので僕は大人な感じで「ちゃんとお母さんと一緒に買いに行きな」と諭すように言った。

そしたら子供は「できないから言ってんだよ」と言ってダッシュで逃げていった。

読んでた本はその後全く頭に入ってこなかった。

2014/08/17（日）いつからこうなったのだろう

単独のお話。

単独の一番最初にやった「こめつぶ」というコントは単独の3日前までなかった。

元々は「ゲンとレイ」という『爆走兄弟レッツ&ゴー!!』に出てくる2人のコントをやる予定だった。

体がでっかくいつもペロペロキャンディをなめてるゲンが村上、髪が長くクールなレイが僕。

そのコント中、村上演じるゲンは「あーあー」しか喋れないというキャラ設定を作った。

最初はそのゲンとレイを含めた5本で単独ライブをやるつもりだった。

そしてひと通りネタが出揃い、初めて台本を作ってみる。

出来た台本を見て村上は「あれ?」と何かに気づいた。

僕は「どうした?」と聞いた。

村上は台本の1ページ目からめくっていった。

そしてこう説明した。


1本目ゲンとレイ。村上「あーあー」しか喋れない。

2本目Kj物語。村上はZeebra役として喋る。

3本目ダブルヒソカ。2人ともひと言も喋らない。

4本目バーサス。村上は「マイメロディ」しか喋れない。

5本目どけよカビゴン。村上はオチ台詞以外ひと言も喋らない。


「僕もうただの化物じゃないか」と村上は言った。

たしかにと思った。


2014/08/23(土) いつチャリ乗るんだろう

流れ星の瀧上さんの家に行った。

お互い格闘ゲームが好きということもあり結構仲良くさせてもらってる。

家にお邪魔するとまず、まんだらけで見るようなレトロなフィギュアがショーケースにいくつも飾られていて意外な趣味に驚いた。

そしてふとテーブルを見ると、テーブルの上に「芸人論」みたいな本が置いてあった。

うわって思った。

なんかのライブで一緒になったらこのことをいじってやろうと思った。

あと筋トレグッズとか漫画とか、一人暮らししてるなーと思った。

しかし僕はふと思った。

そもそもテーブルの上にお笑いの本なんて置くだろうか。

今日僕が瀧上さんの家に行くことは前もって伝えてある。

来ることを知っているのに確実にいじられるであろう「芸人論」みたいな本をテーブルに置くだろうか？

やってる。

これは完全にやってる。

僕がライブでこのことを話すのを完全に狙っているに違いない。

しかし天然の可能性も否めない。

以前エレベーターの中でシャドウボクシングをしているのを1階のモニターで目撃されている瀧上さん。

天然なのか狙ってるのか。

疑い始めるとキリがない。

この家にある物すべてが、僕が来ること前提で配置されてるんじゃないだろうか。

帰り道。駅まで送ってもらう。

瀧上さんは帰りに乗るであろうチャリを押しながら歩いてる。

そのチャリがめっちゃ小ちゃい。

これすら狙ってるんじゃないのだろうか。


駅に着き、別れる直前で瀧上さんが「このあと友達がまた家に来るからここで待ち合わせしてるんだ」と言った。

じゃあなんでチャリ持ってきたんだろうと思った。

この人はちゅうえいさんよりひどいときがある。


瀧上さんはもっといじられていいと思う。

2014/08/31（日）きっと来年も似たようなことをやるんだろうなー

キングオブコント2回戦。

今回のネタは単独でもかなり評判が良かった「戦慄の弾丸返し」というネタ。

お客さんの反応は過去キングオブコントに出てきた中でも最高に良く、ネタが終わり楽屋に戻ると「めっちゃウケてた」「めちゃめちゃ面白かった」といろんな芸人から言われ「準決勝のネタ何にしようか」と真剣に考えるほど手応えを感じた。


そして今日結果を見る。

結果、落ちている。

なんでだ。

悔しさとか悲しさよりも怒りがこみ上げてくる。

なぜ僕らが落ちなくてはいけないのか。

あのネタの何が悪いんだ。

僕はあの日やったネタを振り返った。

まず鶴を助ける。

そしたら家にマイメロディがやってくる。

マイメロディは鶴を食うつもりだった。

鶴逃がしたからマイメロディにぶん殴られる。

マイメロディの仕掛けた罠にはまり食われそうになる。

銃でマイメロディを3発撃つが全部かわされ、1発を跳ね返されこめかみに直撃。

その後食われる。


「そりゃ落ちるだろ」と自分に怒りがこみ上げてきた。

2014/09/06（土）性欲をスピードに変える能力

帰りの夜道、後ろから自転車に乗った知らないおばちゃんに「あのーすみません」と声をかけられた。

最近よく知らない人に声かけられるなと思いながら「はい？」と返事をすると、おばちゃんは「あのー、お店探してるんだけど」と聞いてきた。

僕は「なんのお店ですか？」と聞くとおばちゃんはボソボソと小さい声で言った。

僕は「え？　なんですか？」と聞き返すとおばちゃんはボソボソとまた小さい声で言った。

僕は耳を近づけてもう一度「え？」と聞き返すとおばちゃんは「ハプニングバー」と言った。

ハプニングバーかーいと思った。

ハプニングバーには行ったことはないが、男女のいろんなハプニングが起きるバーだと聞いている。

このおばちゃんは夜な夜なハプニングを求め街をさまよっているのだ。

いや調べてから家出ろよと思ったが偶然ハプニングバーを見つけるというハプニングも同時に求めているのかもしれない。

とりあえず僕は「知らないです」と答え、そのまま歩き出した。

するとなぜかおばちゃんはついてきて「お兄さんはいつもどの辺で飲んでるの？」と聞いてきた。

いやなんだこのおばちゃん。

なんでついてくんだよ、とちょっと早歩きになった。

僕は「あ、お酒飲まないです」と答えるとおばちゃんは「今日出会い系の人にすっぽかされちゃってさー」と話し始めた。

いや知らねーよと思った。リアルハプニング知らねーよと思った。

というか出会い系の人と満たそうとした性欲をハプニングバーで満たそうとしたがハプニングバーが見つからないので仕方ないから今僕で満たそうとしているんじゃないだろうか。


申し訳ないが僕にはこのハプニングを受け入れる勇気と性癖がない。

僕はとりあえず話を終わらせようと思い「あ、確かこの辺にハプニングバーみたいなのあったかも」と言った。

そしたらおばちゃんは「あっほんと!? ありがとねー」とチャリでUターンした。

綺麗な立ちこぎだった。

2014/09/14（日）どうでもいい話

電車の中で2ちゃんねるのまとめサイトを見る。

まとめサイトの下の方にエロい漫画の広告が貼り付けられていて、スクロールしてるときに間違って押してしまう。

開くと画面いっぱいにエロい画像が表示されて、周りにばれないように慌てて携帯を覆うように両手で持つ。

すぐに消そうとするが絵があまりにも可愛かったりする

とサンプルだけでも読もうかなってなる。

サンプルがとても良いところで有料になる。

金出すほどじゃないんだよなーと思い、悪い人が誰かネットに続きあげてないか「その漫画のタイトル　画像」で調べる（海賊版をダウンロードすることは違法です）。

いくら調べても続きが見つからず、調べていく内にどんどん続きが見たくなり、もう金払おうってなる。

購入手続きをする。

購入手続きが意外にめんどくさく、途中で「俺は何をしてるんだ」ってなる。

もういいやと思い開いてたページを全部消す。

さっきまで読んでたまとめサイトまで消してしまう。

というのを10回くらいやってる気がする。

2014/09/22（月）なんだったら今日も会うの3ヶ月ぶりくらい

すずらんの山さんが今日北海道に帰ることになり、その送別会が昨日行われた。

山さんはいつもと変わらなかった。

以前阿佐ヶ谷ロフトAで「すずらん山本と他5名」というライブをやったことがありそのメンバーから山さんに蝶ネクタイをプレゼントした。

まずプレゼントが入った袋を受け取った山さんは袋からプレゼントを取り出し「いやー良い袋ありがとー」と袋だけ受け取り全員で「いやプレゼントそっちそっち」とツッコむいつもの流れ。

箱から蝶ネクタイを取り出し箱だけ手に持ち「ちょうど箱欲しかったんだー」と言って「いやそっちそっち」といつものしつこいボケ。

天狗横山が「ちょっと山さん巻きでいきましょー」と指

でクルクルと巻きの合図を出したら、それを見て目を回すというボケ。

いつもと変わらない山さん。

しんみりした空気が嫌いな山さんはいつもと変わらないように振る舞ってくれているのだろう。

だから僕らはいつもよりも大きく笑った。

笑えば笑うほど寂しさがこみあげてきた。

もうこのボケも見れないのか、と思うと涙が出そうになった。

しかし今生の別れではない。

お互い芸人をやってればいつかはまた会うだろう。

送別会もお開きの時間が近づいてきた。

山さんは「みんな今日はありがとう。北海道来たときは連絡してね。東京には3、4ヶ月に1回は来ようと思ってるからそのときはよろしくね」と言った。

最後にみんなで写真を撮り、送別会はお開きとなった。

「ありがとう」と手を振りながら山さんは帰った。

僕たちは最後まで山さんを見送った。

山さんの背中を見ながら僕は思った。

3、4ヶ月に1回か。

結構来るんだな

結局1回も来てない。

2014/09/28(日) たまにはニコニコ動画のお話

家に帰ったらニコニコ動画のランキングをチェックする

習慣はいまだに続いている。

もう何年もニコニコ動画を見ているが、未だ色あせず面白い。

そんなニコニコ動画には僕がリスペクトする動画投稿者が3人いる。

まずはカメ五郎さん。

今は狩猟生活という動画を上げていて、山に罠をしかけて鹿をとり、その鹿を食べて生活する様子を動画にしたもの。

今22回目の投稿になるが未だに鹿が1匹も捕まえられず、ずっと山に落ちてるクルミを食って生活している。

この前の22回目の放送では道端で死んでいるタヌキを焼いて食っていた。化物だと思った。

次にパンツマンさん。

一人暮らしの中年男性が自炊してるだけの動画。それだけなのに毎回観てしまう。

これからネットに上げる動画を撮るってなったら、少しでも良く見せようとするものだと思うが、この人はありのままをお届けしている。

めちゃくちゃ汚いキッチン。一人暮らしの哀愁漂う食事スペース。パンツ一丁の姿。ゲップ。毎回大盛りのサラダを作ってるのもそろそろ健康を気にしだす中年男性のリアルさをかもし出している。

出来上がった料理はめちゃくちゃうまそうで、淡々と食っているのにめちゃめちゃうまそうに食べる。芸人ではとても敵わないと思いながらいつも観ている。

そして最後がR藤本。

別に彼は動画投稿者ではないが、彼の動画は落ち込んだ時とかに観ると良い。

「R藤本の水曜はじけてまざれ!」というニコニコ生放送でやっている番組はいつも「なんで俺はこんなもの観てるんだ」って気にさせてくれる。

前にベジータとラディッツのオセロ対決を見せられたときはおもわずゲロを吐きそうになった。

でもなんだか癖になる。それがR藤本。


そんなニコニコ動画。

僕もなんか今後やるかもしれない。

この偉大なる投稿者たちにはとても敵わないが、ダラダラと何かやれたらなと思う。


2014/10/06(月) あと期限切れてた

コンビニのATMでお金を下ろそうとしたが、前に結構人が並んでいて僕は最後尾に並んだ。

そして僕の前に並んでいた女性の番になり、女性はATMの前に立った。

すると女性は携帯を取り出し、携帯をいじりだした。

ATMの前でATMには指一本触れず、ずっと携帯をいじっている。

おいおい。何をしているんだこの人は。

ATMの前に立ってからカードを用意する人にすらちょっとイラッとするのに、何を思ったか携帯をいじりだしている。

さすがに注意しようかと思ったが、そこでようやく画面に触れた。

そしてカードを入れお金を引き出し去っていった。

迷惑な人がいるもんだなと思いながら、僕の番になったのでATMの前に立った。

僕の後ろにも並んでいる人がいたのでちゃっちゃと終

わらせようとATMの画面を見ると「手続き処理中の為、しばらくお待ちください」という文字が映し出されていて、操作ができなかった。

僕は愕然とした。

このATMはお金を引き出した後のトップ画面に戻るまでがやたら長いタイプのATMだったのだ。

さっきの女性はこの画面が出ていたから携帯をいじっていたのだ。

なのに僕という男は勝手に一人でイライラし、下手したら注意しているところだった。

そして僕の後ろに並んでいる人は今の僕を見てイライラしているかもしれない。

なぜさっさとATMを操作しないのかと。

僕はカードをATMの差込口にカンカン当てて、「僕は早く操作したいが、このATMが動かないんすよ」というアピールを後ろの人に必死にした。

後ろの人をチラっと見ると、イケメンがすました顔で携帯をいじってた。

僕みたいにイライラせず「別にかまいませんよ」というやさしい声が聞こえてくるくらいすました顔をしていた。

僕はしょうもない男だ。

まずはそれを自覚するところから始めよう。

それを心に刻みATMから離れた。

その後コピー機を使おうとしたが、僕の前に女子高生2人が使っていた。

なにやらわちゃわちゃしていて、全然終わる気配がない。

しかし僕はそれをすました顔で見守った。

操作がわからず手間どっているのだろう。

急かすようなマネはしない。イライラもしない。僕はもう同じ過ちをしない。

10分くらいして女子高生が後ろを振り向き僕を見て「うわっ並んでいる人がいる。全然気づかなかった」みたいな表情をした後、一瞬でコピーを終わらせ去っていった。

泣きそうになった。

あとクーポン発行しようとしたらそれはコピー機じゃなくてFamiポートという機械でするものだった。

10分はよく待った方だと思う。

2014/10/13（月） 僕らはただの体験入学

今月から頂バトルでAランクに昇格し、ようやく4分でネタがやれるようになった。

その最初の出番、出順は2番。

Bランクの時はネタ尺が2分半しかなく、出来ないネタがたくさんあった。

なのでその日は最近できた4分のしゃべくり漫才を披露した。

翌日結果を見る。

結果、「7票」。ダントツの最下位。

ビリから2番目のタモンズが14票でまさかのダブルスコア。

聞いたところによると頂バトル史上最低得点を叩き出したらしい。

いやはや、どうやらネタのチョイスを間違えてしまったようだ。

次の出番、出順はトリ前。

営業でもよくやるボディガードのネタ。

マヂカルラブリーが持ってる中で最も安定感を持ったネタ。

終わってみるとなかなかの手応え。
ネタ終わりにタモンズ大波が「ようこそAランクへ」と言った。
こんにちはAランク。
次の日結果を見る。
結果、ビリから2番目。
ビリはタモンズ。
あのやりとりなんだったんだよ。

まずい。このままでは早くも降格が確定してしまう。
次の出番、出順は後半トップ。
個人的には一番好きな車にひかれそうになってる子供を助けるネタ。
この日はお客さんがとても少なく、みんな苦戦していた。
そして僕らの出番。
終わってみると、もう手応えしかない。

サカイストのデンペーさんに「今日1位らしいじゃん?」と言われ「え？　誰が言ってたんですか？」と聞くとデンペーさんは「おまえの相方が言ってたよ。ウケたんだろ？」と言い、僕は「いや、言うほどっすよー」と満面の笑みで答えた。
「まぁあれで無理ならもう諦めるしかないっすねー」みたいなことを言った。

次の日結果を見る。
結果、下から4番目。
だったらむしろ最下位にしてくれよと思った。
あとその下がタモンズだった。
僕らの宿敵タモンズ。
現時点では2組ともBランクにようこそ。

2014/10/20(月)もう戻れない

洗濯するのを忘れて着れる部屋着がなくなってしまい、なんでも良いから着れるのを探そうと思って部屋中を探したら、前の衣装のタンクトップが出てきた。

懐かしいなと思いながら、とりあえずこれでいいかと思い着た。

そして鏡で自分を見た。

ケイン・コスギより凄かった。

2014/10/26(日)そのあとジムで滅茶苦茶筋トレした

バスケの3on3の大会に出た。

麒麟の田村さんが「芸人チームで出よう」と提案し集まったメンバーはNON STYLE井上さん、山田カントリー浅井、ジェラードンかみちぃ、あとハーフ芸人和田。

井上さんと田村さん、さらに浅井もバスケ関連の仕事でたまにテレビに出てるのでかなり豪華なメンツになった。

そして当日。

提案した田村さんが急遽仕事で出れなくなった。

貴重な戦力と知名度がなくなってしまい残念だったが、まだ僕らには井上さんと浅井がいる。

駅でかみちぃと待ち合わせし、会場で和田と合流。

そしてコートに行くと、そこには190cm以上ある人や僕よりマッチョな人達がわんさかいて足が震えた。

でも大丈夫。僕達はあのテレビに出てる井上さんと同じチームなのだ。他のチームとは一線を画している。

それにしても井上さんと浅井が遅い。

するとかみちぃが「なんか浅井さんと井上さん遅れてるそうで、開会式には間に合わないそうです」と言った。

僕は「そうか」と言った。

そして開会式。

大会の主催者がチーム紹介をしていく。

「○○！」と紹介すると拍手などはないが、みんなが紹介されたチームを一斉に見る。

そして主催者が「よしもと芸人チーム！」と紹介すると、周りが軽くざわつき僕らの方を一斉に見た。

かみちぃ、和田は完全に下を向いてる。

僕に至っては「どこだどこだ?」と周りと一緒に芸人チームを探した。

肩身狭過ぎてゲロ吐きそうになっていたら、そこで浅井と井上さんが登場。

ようやく芸人チームと名乗っていいメンツとなり試合が始まった。

そして僕らは4戦2勝1敗1引き分けで12チーム中4位と、なんかわからないが意外に頑張った。

ただ、ほとんど浅井と井上さんの力で勝ってた。

僕らは何しに来たんだろうと思った。

2014/11/03（月）おまえ達が更新連打したらいいじゃん

去年の年末のライブで来年の抱負を語るみたいなコーナーがあり、僕はそこで「ホームページのアクセス数を100万突破する」と宣言した。

そして現在「９３６０４８」。

来月までに６３９５２人訪問しなくてはいけない。

魔法のｉらんどのサイトでホームページのアクセスランキングを確認できるが、このホームページのアクセス数が10日だいたい２００人で順位は59位だった。

なんかギャルが書いてる日記みたいのに負けてた。

絶望的だ。

そもそも確か去年その抱負を語った時の訪問者数が90万人くらいだったはずなので、そこから3万6000人ほどしか増えていない。

1年にしたらだいたい1日100人しか訪問していないということになる。

そのうち50くらいが僕で、残り30がうちの親父、そして残り20が井下好井の好井だとすると、このホームページはこの3人以外誰も見ていないということになる。

じゃあ一体誰が書き込みをしているのか？

親父がいろんなハンドルネームで書き込んでる線を僕はまだ捨てていない。

そもそもライブ情報もほとんど更新せず、ついには「チケットよしもと見てください」とか言い出したこのホームページを誰も見に来るわけがない。

ただ言い訳をさせてもらいたい。

魔法のiらんどの更新がめちゃくちゃめんどくさい。

必死こいてライブ情報を書いて送信したら「パスワードが間違ってます」って出て、戻ったらさっき書いたのが全部消えてるのだ。

まじでこれは勘弁して欲しい。

あと日記とメールの間にスペースを入れる方法をそろそろ知りたい。

とにかく僕はまだ100万アクセスを諦めていない。

いったいどうしたら100万人突破できるのか？

僕が一人で1日1000回このホームページを訪れるという作戦を考えたが死にたくなるのでやめた。

死にたくなるのでやめたのだった。

おかげ様で突破しました。好井ありがとう。

2014/11/10（月）ここにきて黒歴史

たまに変なオーディションがあったりする。

この前吉本の社員からメールで「書類審査受かりました」と連絡がきた。

え？　なんの？　と思って見てみたらゲームの声優だった。

僕はいつの間にかゲームの声優のオーディションを受けていて、しかも書類審査が通ったらしい。

書類に「ええ声してるんすよこいつ」とか書いて送ったのだろうか。

声優の書類審査ほど意味のないものはないと思う。

まぁそれはいいとして、メールの続きを見てみると「次はスマートフォンなどで自分の声を録音して送ってください」と書いてあった。

いやかなり恥ずい。

まぁ適当にネタの台詞とかでいいか、と思っていたら続きに「キャラクターのサンプルのセリフがありますのでそのセリフを読んでください」と書いてあった。

「サンプルのセリフ？」と思い、僕はそのセリフを見てみると、あんまり詳しくは話せないが「君を持って帰りたい」とか書いてあった。

きっつー。

いやいやいや。

きっつー。

これあれだ。恋愛ゲームの女性主人公バージョン。いわゆる乙女ゲーの声優オーディションだ。

さらにそのキャラクターの詳細が書かれていて、これもまたあまり詳しくは話せないが「20歳くらいの結構軽いノリの男の子」みたいなのが書かれている。

無理っす。

僕はエヴァのゲンドウみたいのがやりたい。

しかし一応送らなくてはいけない。

夜、僕は家のテーブルの上に携帯を置き、録音を起動した。

一旦深呼吸をした。そして、

「君を持って帰りたいよー」

停止ボタンを押した。

一旦ベランダに出て夜風に当たった。


これはまじできつい。

部屋に戻り、僕は録音した自分の声を再生した。

『君を持って帰りたいよー』

一旦ベランダに出て夜風に当たった。

両手を広げ「殺してくれ」と呟いた。

そんなのを数時間繰り返していたら、段々感覚が麻痺しノリノリになってきて「きみうぉもってかうぇりたいよぉー」と会心の出来が録れたので僕はそれを社員に送った。


そして現在。

今のところ合否の連絡は来ていない。というかこの時点で来てなかったら落ちているだろう。

あらためて社員に送った自分の声を再生してみる。

『きみうぉもってかうぇりたいよぉー』

罪はないがこれを聞いたであろう社員を殺しておきたい。


余裕で落ちた。

2014/11/17(月)ミニコントちゃうんかい顔

楽屋でのできごと。

楽屋で帰り支度をしていると、サカイストのお2人がネタ終えて楽屋に戻ってきた。

僕は「お疲れ様です」と挨拶をした。

お2人は「おつかれでーす」と返してくれた。

僕は帰り支度を続けた。

するといきなりサカイストのマサヨシさんが「あー漫才楽しい」と言った。

え?と僕はマサヨシさんの方を振り返った。

楽屋にいた芸人達も「なんだなんだ、どうした急に」みたいな空気になった。

そこで楽屋にいたキングコングの西野さんが「いやっ急にどうしたんですか!」と楽屋のミニコントが始まったと思い、マサヨシさんにつっこんだ。

しかしマサヨシさんは「いやー、最近さ」と語りだした。

西野さんは「あ、はい」とミニコントちゃうんかいという顔でマサヨシさんの話を聞いた。

マサヨシさんは「いやー最近さ、賞レースが続いてさ、賞レースに勝つためのネタ作りをしててなんか漫才が全然楽しくなかったんだよね。やっぱ漫才って楽しみながらやるのが一番良いよね」と言った。

西野さんは「いやー確かにそうっすねー」とミニコントちゃうんかい顔のまま言った。

そこでサカイストのデンペーさんがマサヨシさんの方に駆け寄り「あのー今日のネタのあの部分さー」とマサヨシさんにネタの相談をしだした。

するとマサヨシさんはデンペーさんに「いやっまじめ

か！」とつっこんだ。

楽屋にいた芸人は笑った。

しかしみんな心の中で「いやっあんたの方がまじめだよ」とつっこんだ。

2014/11/24（月）これに代わる標準語は無い

結構髪を切った。

もうロン毛とは言えない長さになった。


翌日、ライブのため大宮駅から劇場まで歩いていると後ろから「すいませーん」と声をかけられた。

「はい?」と振り返ると若い女性が「美容室の者なんですが、カットに興味はありませんか?」と言った。

僕は「いや、大丈夫です」と言って軽く会釈して劇場に向かった。


しかし女性は僕についてきて「最近オープンした美容室なんですけどー」と言いながらチラシを見せてきた。

僕は「いや本当大丈夫です」と言った。

女性は「普段はどの辺で切られてるんですかー?」と言った。

なんなんだ。

美容室の客引きとは思えないくらいしつこい。

この人の目からは「こいつは死んでも美容室に連れて行く」という覚悟が感じられる。

しかし僕は死んでも行かない。昨日髪を切ったからだ。


僕は「ちょっと急いでるんで」と本当に勘弁してほしそうに言ったら女性は「でもそろそろ切った方が良い長さだと思うんですよー」と言った。

なるほど、と思った。

たぶん「ロン毛の中では短い」から「普通にしては長い」のジャンルに入ったのだろう。だから髪が伸びまくっているとこの女性は思ったのだ。

だから僕を完全にターゲットにしているのだ。


僕は意を決して「昨日髪切ったんす」と言った。

女性は「えっそうだったんですか」と驚いて足を止めた。

僕は「それじゃ」と言ってその場を去ろうとした。

そしたら女性は僕の方に駆け寄り「とりあえず1回美容室来ませんか？」と言った。

「なんでやねん」となぜか関西弁になった。

2014/12/01（月）大人ってなんだろう

シャワーを浴びてるとき、ふと自分のケツを叩いてみたらとんでもなく良い音がした。

パーンというかもう金属音に近い音がした。


僕は「すごい良い音したな」と思い、もう一回ケツを叩いてみた。

しかし変に意識したためか音がさっきよりも鈍かった。

さっきはきっと無意識の状態だったので、体が良い感じでリラックスしていたから良い音がしたのだ。


僕は手の力を抜いて、まるでムチのように手をしならせてケツを叩いた。

しかしさっきのような音は出なかった。

なんども試したがあのときの音は出なかった。

「これは練習が必要だな」と思い明日から毎日シャワーを浴びるときはケツを叩こうと心に決め、僕は風呂場から出た。


28歳の誕生日になっていた。

2014/12/08（月）そんな夜

テレビにキャベツ確認中のしまぞうZさんと、じゅんいちダビッドソンさんが出ていた。

しまぞうZさんはテニスの錦織選手、じゅんいちダビッドソンさんはサッカーの本田選手のモノマネでひな壇に座っていた。

2人とも結構古くから知っているため、こうやってモノマネでテレビに出ているというのが少し衝撃だった。

「モノマネか……」と誰もいない部屋で僕は呟いた。

モノマネの一つくらい芸人なら持っておいた方が良い。

僕にできるモノマネはなんだろう。

僕は鏡の前に立ち、自分が何に似ているか考えた。

しかし何も思いつかない。

そう、こういうのは誰かに「〜に似てるね」と言われ初めて気づくのだ。

僕は最近なにに似てると言われただろうか？

そこで僕は思い出した。

昨日楽屋で「髪切ってからおまえ亀頭に似てきたな」と言われたのだ。

僕は今男性器の先端部分である亀頭に似ているそうだ。

僕はネタ帳に「自分は亀頭に似ている」と書いた。

気が狂いそうになった。

2014/12/15（月）映画化決定

とある定食屋さんで魚定食を食べた。とても美味しくてすぐに平らげた。

お勘定しようと思ったが便意を催したため会計の前に僕はトイレに行った。

古そうなトイレだった。

前にも日記に書いたが僕は温水洗浄便座がないと大ができない。

古そうなトイレだったので期待していなかったが、なんと温水洗浄便座がついていた。

「ありがたい」と誰かに感謝しながら僕は大を済ませ温水洗浄便座を起動させた。

少々水圧が強いが悪くない。

十分に肛門を洗浄した後、僕は「止」のボタンを押した。

しばらく待ったが反応しなかったのでもう一度強く押した。

止まらない。

あれ？　と思い僕はもう一度強く押した。

しかし止まらない。

「え？　ボタン違う？」と思いボタンをよく見たが、ちゃんと「止」と書いてある。

もう一度ちゃんと親指の腹全体で丁寧に強く押した。

全然止まらない。

やばい。温水洗浄便座が止まらない。


僕は電源を落とそうと思った。

しかし電源ボタンが見つからない。

そして温水洗浄便座の水圧の強さがここに来てジワジワと効いてきた。めっちゃ痛い。

助けを呼ぶにもこの状況を誰かに見られるくらいなら温水洗浄便座の水圧で肛門を貫通させて死にたい。


どうしたらいいんだ。

そこで僕は思い出した。

最近の温水洗浄便座は便座からお尻を離すとセンサーが反応して自動で止まるのだ。

そうだこれだ。

本当に危なかった。

これを知らなかったら本当に詰んでた。

僕は「よっこらせ」と便座からケツを浮かせた。

しかし温水洗浄便座は止まらず、位置がずれて僕の金玉の裏に当たり続けた。

やばい止まらない。

助けを呼べない。電源見つからない。便座からケツを離せない。

詰んでる。


絶望に身をよじらせているとき、僕はトイレに繋がるコンセントの線を見つけた。

そうだ、コンセントを抜けばいいんだ。

しかしコンセントはどこにある？　僕の見えるところには無い。

たぶん便器の裏にあるのだ。

しかし便器の裏のコンセントを抜くにはどうやっても便座からケツを離さなくてはいけない。

やはり無理か。

僕はヤケクソになってボタンを適当に押した。


そして「ビデ」を押したそのとき、温水洗浄便座が止まった。

「え？」と驚いたがすぐに水が出た。

そう、つまり大からビデに変わる瞬間温水洗浄便座の噴射口が入れ替わるため一瞬水が止まるのだ。


これだ。

僕は大とビデのボタンを交互に押し、一瞬水が止まったその隙に便座から離れた。1回目で便器の裏を確認し、2回目でコンセントがあることを確認し、3回目でコンセントを抜いた。

温水洗浄便座は止まった。

長かった。肛門はしばらく使い物にならなそうだ。

僕はトイレから出て店の店主に「温水洗浄便座の止まる

壊れてますよ」と言った。

店主は「そうなんだよー困っちゃうよねー」と言った。

僕は「そうっすね」と言った。

2014/12/22（月）ケツ2

今日も僕は風呂場でケツを叩いてる。

しかしまだあの時の金属音のような音は出ていない。

もう二度とあの音は出ないのだろうか。


僕は諦めて風呂場から出て髪を乾かした。

何がいけないんだろう。

やはり体をリラックスさせて、指の先の力を抜き、手首のスナップでケツを叩くことが出来ればあの音が出るのだろう。そう、今髪を乾かしてるこの手のように。

そこで僕は気がついた。

今僕が髪を乾かしてるこの手。

ドライヤーを持った逆の手。

このときの手は指の先の力を抜いて手首のスナップで髪をはたいてる。

これだ。

これが脱力だ。

僕は急いで風呂場に戻り、ドライヤーで髪を乾かす感覚を思い出しながら指の力を抜いていき、手首のスナップを使って自分のケツを叩いた。

「パーン」

良い音がした。

これはあのときの金属音と同じ音だろうか。

同じ気がする。

違うかもしれない。

正直どうでもいい。

寝た。

2014/12/30（火）こんなんでいい

母から「今年はいつ帰ってくるの？」というメールが来た。

ちょうど明日の夜が都合がよかったので「明日仕事終わりに帰るよ」と返すと「夕飯は焼肉だからね」と絵文字付きで返ってきた。

1年ぶりの実家。

久しぶりの家族団欒。

次の日僕は仕事が終わるとすぐに帰り支度をし早まる足を抑え実家へと向かった。

家に着き中に入るとソファで横になってた父が「おう帰ったか」と横になりながら言った。

テーブルには肉と焼肉プレートが置いてある。

父は「焼いて食え」と言った。

え？ と思った。

今の時刻は20時。どうやら先に夕飯は済ませたらしい。

ちょっと着くのが遅かったかな、と思いながら僕は一人で黙々と肉を焼いて食ってると、母が風呂から出てきて「あ、帰ったのね」と言った。

僕は「うん」と言うと、母は僕の横でタン塩を焼き始めた。

ひと通り焼いて母はどこかへ消えた。

なんで勝手に焼いたんだろうと思った。

夕飯を食べ終え21時半くらいになったところで父と母は「じゃあ寝るね」と言った。

嘘だろ、と思った。

ほぼ会話をしていない。

まぁ明日もある。僕も床に就いた。

次の日、目を覚ますと母は仕事で出掛け、父はソファで爆睡していた。

なんもやることがなくなったので街をぶらぶらして帰っ

た。

また来年も帰ろうと思った。

実家の良さにようやく気づいた。

NODA'S DIARY

2015

2015年

2015/01/05（月）ぶりっ

あけましておめでとうございます。

今年はひつじ年ということで、ひつじのようにどこでもう[redacted]こする人間になろうと思います。

あっどこでもう[redacted]こすんのは別にひつじに限らなかったわ。いっけね。ぶりっ。


ぶりっ。

2015/01/12（月）今日も空しくPVが流れる

楽屋でGAG少年楽団の福井が一生懸命ネタを作っていた。

なんのネタを作っているのかと思ったら、福井の「ヨイショマン」というキャラのピンネタを作っていた。

どうやら明日がR－1ぐらんぷり1回戦らしく、そのR－1でやるヨイショマンのネタを真剣な表情で作っていた。

なぜこんなにも福井がR－1に必死になっているかというと、今大宮の劇場のヨイショマン押しが半端じゃなく、劇場に来ればヨイショマンのパネルがお出迎え、グッズ売り場にはヨイショマングッズが多数売っていて、さらにヨイショマンの歌を作ってそのPVを大宮の公演の前に必ず流している。

福井の手は震えていた。

こんなにも異常な押され方をしたらなんとかして結果を出さなくてはいけない。

この前ヨイショマンのフィギュアが完成したらしく3万円くらいかかったらしい。

福井は頭を抱えていた。

なんとしても今年のR－1で決勝まで行きブレイクしたい。

福井はそんな大宮からの重圧に耐えながら必死にネタを作っていた。

それを観ていた僕はふと「もうそれ自体をネタにしてみたら?」と言った。

福井は「どういうことですか?」と聞いた。

僕は「ヨイショマンのネタをやるんじゃなくて、全然売れてないのにグッズとかめっちゃ出てるからプレッシャーが半端ないんです、みたいなことを2分間ずっと嘆いてたら?」と言った。

福井は「それいいですね」と笑顔で答えた。

そこから、3回戦まで行ったらヨイショマンのパネルを持っていこうとかヨイショマンPVをネタ中に流そうとか話がどんどん膨らんでいきネタはあっという間に完成した。


そして翌々日。

大宮の劇場に向かっている途中、ふと「そういえばヨイショマンどうなったかな?」と思いR－1のホームページで結果を見てみたら、おもいっきし1回戦で落ちていた。

うそだろ、と思った。

楽屋に福井がいて「ヨイショマン1回戦で落ちました」と聞かされ、知っていたがとりあえず「ええーうそー」というリアクションをした。

僕は「なんかごめんな」と言った。

福井は「いえ、野田さんが考えてくれたところは全然ウケたんですよ」とフォローをいれてくれた。

僕は「じゃあなんで落ちたんだろうな」と聞いた。

福井は「んー」と唸ってから「やっぱぱネタやらなきゃダメだったんですかね」と言った。

だろうな、と思った。

ついに2015年突入。さすがにこの辺は書いたの覚えてる。

2015/01/21(水)その日はジムに行かなかった

R―1ぐらんぷり3回戦。

過去に一度だけ3回戦まで行ったことはあるが、あのときはブリーフとタンクトップで「にんげんっていいな」と言いながら飛び跳ねるというネタをやり地獄のような空気になった。

今年は「新・ど根性ガエル」という筋肉を使ったネタ。筋肉が大きくなりすぎてピョン吉が裂けそうになるというポップなネタだ。

今年は準決勝まで行きたい。

前日にジムに行き体をバキバキに仕上げ、最高にパンプアップした状態で3回戦の会場であるルミネtheよしもとに入った。

そして出番順を見る。

まさかのなかやまきんに君さんの後。

うそだろ。

きんに君さんの筋肉に比べたら僕なんてただのもやし野郎だ。

さらに同じブロックに小島よしおさんもいる。

筋肉芸人ってこんなにいるのか、とここに来て痛感した。

そして出番直前。

この不運を逆に生かすしかない。

ネタに入る前にきんに君さんの後だということを少しいじって笑いに変えようと思っていたらきんに君さんの後にまさかのMCを挟むという事態。

そして僕の出番。

出る寸前でナンバープレートを付け忘れてるのに気付

く。

もう知ったこっちゃない。そのまま出る。

そして終始ややウケ。

きんに君さんの後だからとか関係なしにややウケ。

ネタが終わり控え室に戻ると出番前に僕の衣装を見て「それ絶対ウケますやん」と言っていた芸人達から誰も声をかけられない。

落ちたときの空気をモロに肌で感じながら僕は家に帰った。


次の日の朝、結果を見たらきんに君さんも落ちていた。


2015/01/27（火）しかも同じVサイン
たまに出待ちのお客さんに「友達がファンなんですー」と言われると複雑な気分になる。

「私は違うけどなっ。カーッペッ」と痰を吐きかけられてる気分になる。

この前、ライブ終わりに「野田さーん」と駆け寄ってくるお客さんが満面の笑みで「一緒に写真撮ってくださーい」と言って僕も嬉しくなって決め顔で撮ったりなんかしてサインもして握手もして、最後に「ほんっと友達がすんごい野田さんのファンなんですよー」と言われたときは、「おまえは違うんかーい」と両手を上げながらスキップをして帰ろうかと思った。

減るもんじゃないし、本人が目の前にいるわけだから、そこは「が」を「も」に変えてくれたっていいじゃないかって思う。

しかし友達に頼まれわざわざファンじゃない芸人の写真

とサインをもらってこなくちゃいけないその子のことを考えるとむげにもできない。

あともしかしたらそのファンの友達に気遣ってわざわざ自分はファンじゃないアピールをしている可能性もある。

なんにせよ姿こそ現さないがどこかに僕のファンはいるのだ。それだけでありがたいことだ。

無限大に出てたとき、「キャー野田さーん」と駆け寄ってきた出待ちのお客さんが「もう死ぬほど好きですーキャー。一緒に写真とってくださいーキャーもうー緊張して写真とれないーキャーー」と気が狂ったかのようにはしゃぎ「野田さん撮ってくださいー」と携帯を渡され、インカメで一緒に写真を撮り、その子がちゃんと撮れてるか携帯を確認したときチラっと見えた待ち受けがパンサー向井とインカメで撮ったツーショットだったあのときに比べたらありがたいことなのだ。

2015/02/04（水）頭痛は起きなかった

たまに寝過ぎると頭痛が起きるが、その頭痛が少し強くてそのせいで朝からゲボが止まらない。

別に熱もないし頭痛だってそんな大したことはないが、ゲボが止まらない。

久しぶりにゲボを吐いて思ったが、ゲボめっちゃ辛い。

普通吐き切ったら楽になるが、今回はゲボが止まらない。

横になって安静にしてたら良くなるだろうと思ったが、そもそも寝過ぎたせいで頭痛が起きているため、横になって目を瞑ると頭痛が激しくなる。そしてゲボが止まらない。

どうしようもなくなり僕は病院に行った。

道中何度もゲボを吐きながら、なんとか病院に着き、死にそうな顔で診察室に入りお医者さんも「とんでもないのが入ってきた」みたいな顔をしながら診察をした。

診察の結果、熱もないしウィルスの心配もなく、頭痛から来る吐き気と診断された。

診察が終わり会計を待ってるときもゲボが止まらず、トイレで吐いていたら看護師さんが心配して「点滴を打ちましょう」と言い僕を車椅子に乗せ病室に連れて行った。

寝過ぎただけなのになんだかとんでもないことになってきた。

病室で横になり、点滴を打ったら頭痛も吐き気も全くなくなった。

楽になって頭も冷静になってくると段々と寝過ぎただけなのに点滴打ってる自分が恥ずかしくなってきた。

点滴を打ち終わって看護師さんが「どうです？　良くなりましたか？」と聞いてきて、本当はもう何もなかったかのように楽になったが、あんだけ辛そうにしてたのに点滴一本で治ったのが恥ずかしくて「まぁそうっすね、だいたいは。まぁでも全然大丈夫っすよ」と、なんか万全じゃないけどこのくらいなら耐えれるみたいな空気を出しながら帰った。

もうあんま寝ないようにしようと思いながら家に帰って寝た。

2015/02/11（水）大宮スタイル

新宿駅から大宮までは快速に乗って30分くらいかかる。

大宮芸人になってから週3くらいで大宮に行っているので30分電車に乗るのも慣れてきた。

前もってこの30分で何をするか決めておけば苦しくない。

むしろこの30分が大切な時間になってきた。

この前大宮から帰るとき、ホームの椅子に座って電車を待っていたら同じライブに出ていたニューヨークの嶋佐が「お疲れ様です」と声をかけてきた。

僕は「おつかれ」と顔を上げた。

すると全く気づかなかったが僕の隣に犬の心の押見さんが座っていて同じく顔を上げて「おつかれ」と嶋佐に返事をした。

犬の心さんも大宮芸人。

大宮芸人は駅のホームで芸人を見つけても声をかけない。

なぜならここで声をかけてしまうと電車の中で30分も会話をしなくてはいけなくなるからだ。

月に1度や2度ならまだしも週に3回大宮に通っている僕らとしては、電車の中はもう一人の時間でありたい。

だから2人とも嶋佐に挨拶を返した後はひと言も会話をしない。

大宮芸人ではない嶋佐は最初のうちは僕らに話しかけていたが、空気を察して途中からひと言も話さなくなった。


しばらくして電車が来たので3人で乗った。

押見さんと僕は一目散に空いてる席に座った。

普通芸人3人で電車に乗ったらあんまりバラバラの席に座ることはない。

3人分の席が空いていないのなら3人とも立って、駅に着くまでトークをするのが普通だ。

しかし僕ら大宮芸人にはそんな常識が通用しない。

空いてたら座る。むしろ隣同士になってなんか会話しなくちゃいけない空気を味わう必要がないので好都合だ。

そして座ったら当然新宿に着くまで3人が関わることはもうない。

おのおのが自分の時間に没頭する。

それが僕達大宮芸人のスタイルだ。

そして池袋駅に着いたところで、嶋佐が「あ、僕ここで降ります。お疲れ様でした」と言って電車から降りた。

彼はこの異様な空気にかなり動揺していたのかもしれな

い。おもいっきしスーツを車内に忘れていた。

僕は押見さんに「僕が嶋佐に届けますよ」と言った。

押見さんは「いやどのみち俺本社に行くから本社に届けるよ」と言い、僕は「ありがとうございます」と言った。

2人の初めての会話だった。

2人とも声めっちゃちっちゃかった。


2015/02/18（水）久しぶりのこれ

さーて次回の野田スクールクリスタルは？

野田です。最近寒い日が続くので暖房つけっぱなしで寝たら、それとは関係なしにおしっこ漏れてたよ。とほほ。

さて次回は？

・好井、舞台上で急に全裸になって踊りだす
・好井、何もなかったかのように急に怖い話をしだす
・好井、その怖い話のオチが最初に急に全裸になって踊りだした理由とつながってドヤ顔

の3本です。

絶対観に来てくださいね。

じゃんけんぽん。

おまえグーな。俺パー。はい勝った。金ちょうだい。


はいっ好井。

2015/02/26（木）進撃の巨人みたいな

大宮の漫画喫茶に行ったときのこと。

東京以外の漫画喫茶は会員証がいらないらしい。

なので会員証などを特に見せることもなく受付を済ませ

部屋番が書かれた伝票を受け取り、その番号の部屋に入り伝票と荷物を置いて部屋から出た。

10分くらい漫画を見て回り何冊か漫画を持って部屋に戻ろうとした。

そして自分の部屋がある付近までやってきて僕は「あれ？　部屋どこだっけ？」となった。

あれー？　とこのときはまだ気楽に考えていた。

ドアの隙間から中を確認していったがわからない。

それにこれってはたから怪しい奴に思われるんじゃないかと思い止めた。

一旦落ちついて考えてみた。

よくカラオケでトイレに行って戻ってきたら部屋番が分からなくなることがある。

そのときは受付に行って会員証を見せるか受付で書いた名前を言えば店員が部屋番を教えてくれる。

しかしこの漫画喫茶では会員証がいらないし、受付で名前とか書いてないので伝票がないと店員は僕が誰でどの部屋に入っている人かわからない。

伝票は部屋に置いてきた。

ん？

僕はとりあえずウロウロした。

ウロウロしながら思った。

あれ？　これってマジで一生自分の部屋わからなくないか？

僕は今置かれてる状況を理解し変な汗が出てきた。

本当に何のアイデアも出てこない。

この場でとんでもない高さのジャンプでもしてジャンプ中に自分の部屋を見つけるとかでもしないと無理だ。

僕はまた冷静に考えた。

そもそもこんなこと絶対珍しくないはず。

他の人も絶対同じことをやらかしてるに違いない。だからこういうときの対策もこの店はできてるはずだ。

僕は店員に「すいません。部屋がわからなくなっちゃったんですが」と言った。

すると店員は「伝票はございますか？」と聞いた。

僕は「いや部屋に置いてきちゃいました」と答えた。

そしたら店員は「は？」みたいな顔をした。

何やってんのおまえ？　みたいな顔をした。

店員は「あーえーっと。全く覚えてないんですか？」と聞いてきた。

僕は察した。この店にこの状況の対策はない。

僕は「あっやっぱ大丈夫でした」と言ってその場を離れた。

もういい。

もうわかった。

僕は覚悟を決めた。

僕は自分の部屋があるであろう場所に立ち深呼吸をした。

そしておもいっきしジャンプした。

とんでもないジャンプ力だった。

ジャンプ中に周りを見渡した。

余裕で自分の部屋を見つけた。

最初からこれをやればよかった。

しかしジャンプ中に別の部屋にいたおっさんと目が合ったが、そのおっさんの化物を見る目が忘れられない。

2015/03/06（金）猫カフェに行きたい

仕事が終わり家に帰る途中、遠くの方にいる白い猫を見つけた。

僕は目が悪いのではっきりとは見えないがこっちを見て

る気がする。

猫は僕が近づくと離れ、ある程度距離が開くとまた立ち止まった。

なんかその様子が微笑ましかった。

そしてしばらくすると近づいても離れなくなった。

ついに僕が敵ではないことをわかってくれたのかなと思い嬉しくなった。

僕はちょっとなでたくなって周りを見渡して誰もいないことを確認してから「にゃおー」と猫の鳴き声をマネしながら猫に近づいた。

よく見たら白いビニール袋だった。

屁が出た。


2015/03/12（木）もう何が正解かわからない

セカンドシティが終わった。いろいろと凄いライブだった。

最初は即興芝居をやるライブと聞いていて、ライブで即興コントはやったことあるので大丈夫だろうと思っていたが甘かった。

この即興芝居には5回の稽古があった。

「なんで即興芝居なのに稽古があるんだろう」と疑問に思っていたが、その稽古の内容は本場アメリカのセカンドシティで活動してる役者さんがやってきて即興芝居のノウハウを僕らに叩き込むという稽古だった。

指導してくれる先生は海外ドラマ『HEROES』などにも出ているあのマシ・オカさん。

マシ・オカさんはこう言った。

「考えてからやるんじゃない。その場で何かを生み出してください」

即興で何かの役を作るとき、その人の身長や体重、好きなものや嫌いなもの、どこで生まれどう育ったのかをイメージし、その場でその人間になりきる。

こういう役をやろうと思ってからやるんじゃなく、その場で感じ、感じたままに動く。それがたとえどんなキャラクターだろうと、それはもうそこに存在する。だから周りはそのキャラクターを否定せずそういうキャラクターがそこにいると思って演じてください、とマシ・オカさんは言った。

僕はその言葉を頭に叩き込んだ。

そして本番。

お客様から適当に「場所」を言ってもらい、その場所という設定で即興でお芝居をするという演目。

お客様から頂いた場所は「サンフランシスコ」。

サンフランシスコを舞台とした即興芝居を村上とサンシャイン坂田、そして僕の3人で行った。

最初は村上と坂田が2人で芝居をし、途中から僕が出てくるという形になった。

最初の2人はともかく、途中から出てくる僕は物語を展開させるために特徴のあるキャラクターを演じる必要がある。

序盤、村上も坂田も中々物語を展開できず苦戦していた。

正直サンフランシスコというお題はかなり難しい。なぜなら3人とも知識がないからだ。

マシ・オカさんは「即興芝居は助け合いが一番大事だ」と言っていた。

まさに今2人を助けるとき。

僕は2人のもとに飛び出した。

そこでマシ・オカさんの言葉を思い出した。

「考えてからやるんじゃない。その場で何かを生み出してください」

僕は感じた。感じるままに動いた。

手が勝手に動く。手が感じるままに左右に動いた。

それはまるで平手打ちのようだった。

僕は感じるままに平手打ちのような動作を続けた。

それを見て坂田は「あなたはいったい誰ですか?」と尋ねた。

僕は感じるままに答えた。

「サンフランシスコで有名なビンタマンです」

2人とも言葉を失った。

「僕にビンタされると消えてなくなるんです」

もう後には引けない。

僕は村上にビンタをした。

村上はそれを避けた。

そして村上はこう言った。

「わー避けれるー」

意味がわからなかった。

あの5回の稽古はなんだったのか。

そして避けられたビンタが自分に当たって自分が消えちゃうという、う[redacted]こみたいな展開で即興芝居は終わった。

終わった後、全員首をかしげた。

そこにマシ・オカさんがやってきてこう言った。

「すばらしかったです!!」


うそだろと思った。

2015/03/19(木) やばいやつ

神保町の深夜稽古が3時に終わり、次が大宮に11時に行かないといけない日があった。

次の仕事まで神保町で寝ても良かったが寝坊が怖いので出来れば大宮に向かいたい。

でもまだ始発は走ってない。

調べてみると秋葉原から大宮が電車で1本のようで、神保町から秋葉原までは歩ける距離のようだ。

歩いてるうちに始発が動き出すだろうと思い、僕は歩いて秋葉原まで向かった。

そして秋葉原に着いたのが3時半。思ってたよりも早く着いてしまった。

始発までまだ1時間近くある。

どっかで時間を潰す必要があったがマックは閉まってるし漫画喫茶は寝ちゃうかもしれない。

24時間やっててゆっくりできる店を探していると磯丸水産を見つけた。

僕はお酒が飲めないので一度も入った事はないがよく見かける。

まぁあと1時間くらいだし、ちょっとここで時間を潰そうと中に入った。

僕はこの日初めて一人で居酒屋に入った。

なんか店員が若い女性でソフトドリンクを頼むのが恥ずかしくなり見栄を張って僕は日本酒を頼んだ。小さいやつだ。

僕はそれを1時間かけてちびちび飲んだ。喫茶店状態だ。


そして始発の時間になり立ち上がると空間が歪んだ。

ふらつく足でトイレに行き自分の顔を鏡で見たら真っ赤になっている。

やばい。超恥ずい。

日本酒の小さいやつを1時間かけて飲んでベロベロに酔っ払う奴はソフトドリンク頼むやつよりださい。

まぁでも、どうせ店員も僕が何杯酒飲んだかなんて覚えてないだろうし、むしろめっちゃ酒飲みまくったみたいな感じ出して店を出ようと思った。

そして僕は「すいませーん。おかいけー」と酔っぱらい丸出しで店員を呼び、「あー飲んだ飲んだ」と酒のみまくった感じをめっちゃ出した。

店員はやれやれという顔をしながら伝票を見て「お会計600円です」と言った。

言った後すぐに店員は伝票を二度見した。

1杯でこれ!? みたいな顔をした。

あーそっかここでバレるんだ、って思った。

もう二度と来ないから大丈夫と自分に言い聞かせながら店を出た。

そしてすぐに折り畳み傘を店に忘れたと思い店に戻って、おもいっきし手に握ってるのに気づきお騒がせしやしたーみたいな感じで店を出て、駅に向かう途中周りに誰もいないことを確認してから「あーーー」と今日の出来事をすべて吐き出すように叫んだ。

たまに道端で見かける奇声を発してる人は僕みたいな人なのかもしれない。

2015/03/27（金）僕は見せ筋くん

家の近くにバッティングセンターがあることを知り、行ってみることにした。

バッティングセンターは前に一度だけ行ったことがあるが、そのときは一度もバットに当たらず帰った。

僕は野球がう[redacted]こみたいに下手くそで、人生でなるべく野球と関わらずに生きていこうと決めていた。

しかし、僕はあの頃とは違いすっかりマッチョになっている。

こんだけマッチョならバッティングも出来るようになっているかもしれない。

期待に胸を膨らませバッティングセンターに入ると、中には高校生の男女数名がいるだけで他には客はいなかった。

空いていたので僕はすぐに中に入ってバットを持った。

心なしかバットが軽く感じる。マッチョのおかげだ。いける。

僕はお金を入れて打席に立ちバットを構えた。

1球目。見逃し。なるほど。結構早いね。

ふと後ろを見ると高校生の男女がこちらをガン見している。

Tシャツ姿になった僕は明らかにマッチョマンで、こんなマッチョマンが打席に立ったらそりゃ見るだろう。一体どんだけかっ飛ばすんだ、という期待の目でこちらを見ている。

まぁ見てろよ。僕はまたバットを構える。

2球目。空振り。

ボールが後ろの網に当たってからバットを振っていた。なるほど。

3球目。空振り。

ボールがまだ投げられる前に振っていた。なるほど。

4球目。見逃し。

打つ気満々だったのに見逃した。なるほど。

5球目。空振り。

試しにバントの構えでとりあえず当てに行こうとしたら空振りした。

そこから残り15球。かすりもしない。なるほど。向いていない。

僕は「いてて」と手首をくねくねして、今日は手首の調子が悪いみたいな感じを出しながら打席から出て行った。

隣を見たらさっきの高校生達の中にいた女子がガンガン球を当てていた。

コーヒー買って帰った。

2015/04/03(金) とりあえず立って読んでほしい

ブックオフで立ち読みしていたら、しゃがみ込んで漫画を読んでる子供がいた。

しかも僕が読みたい漫画がある棚の前でしゃがみ込んでいるためすごく邪魔だった。

いくら子供とはいえ人に迷惑をかける行為は許せない。

僕は勇気を振り絞って注意しようと思い近づいた。

そしたらその子供の様子がおかしい。

よく見ると子供は漫画を読みながら号泣していた。

号泣しながらえずいていた。

まじかよと思った。

凄く夢中で漫画を読んでいるので注意するのが申し訳なくなり、僕は仕方なくその隣の棚にある漫画を適当にとって読んだ。

いったい何でそんな号泣しているのか気になったので、その子供がなんの漫画を読んでいるのか覗きこんでみた。

そしたらなんの漫画かはわからないが美少女のおっぱいがぷるるんってなってた。

きっと凄い感動的なおっぱいぷるるんだったんだろうなと思った。

> 読み返してみると子供とのトラブルが多い。子供恐い。

2015/04/10（金）キラッ

なんか大きな声を出したい気分になり一人でカラオケに行った。

受付でドリンクの注文を済ませ、部屋に入ってから僕は何も歌わず店員がドリンクを持ってくるのを待つ。歌っている最中に入ってこられるのが嫌だからだ。

ただこの待ってる時間ももったいないので、僕はこの間にトイレに行った。

そしてトイレから戻って部屋に入ると、女の子が一人で踊りながら『星間飛行』を歌っていた。

「うわあ」と僕は言った。女の子も「えっえっ」となっていた。

僕は慌てて部屋から出た。

部屋の番号を見ると、僕は隣だった。

やってしまった。これは完全にやってしまった。

僕は隣の部屋に戻り、あの驚いた女の子の顔を思い出して頭を抱えた。

あれは向こうからしたらきっとトラウマものだ。本当に申し訳ないことをした。どうしよう。

僕はデンモクを操作し、『ハレ晴レユカイ』を入れた。

そして全力で歌った。隣の部屋に聞こえるくらい全力で歌った。

「大丈夫だよ。僕も一人で『ハレ晴レユカイ』全力で歌っちゃうような奴だよ。だから見られても平気なんだよ」というメッセージを込めて全力で歌った。

そしたら店員がドリンクを持って入ってきた。

そういえばまだドリンク来てなかった。

店員はやってしまったみたいな顔をした。

僕もきっとこんな顔だったんだろうなと思った。

2015/04/17（金）6個思いついたってさ

野田電車あるあるシリーズ。


野田電車あるあるその1。

電車に乗るときに自分が列の先頭にいたとき、まだ降りる人がいるのに隣の列に並んでた人がフライングして乗り始めると、僕の後ろで並んでる人たちからの「おまえも行け！」というプレッシャーが半端ない。


野田電車あるあるその2。

電車に乗ってるとき、誰かが床に捨てた缶がコロコロとこっちに転がってきて拾うか迷ったあげく見送る。


野田電車あるあるその3。

つり革のギーギーという革と鉄の棒がこすり合った音が一度気になると止まらない。


野田電車あるあるその4。

電車と電車がすれ違うときに窓のガラスが「ドンッ」て

なるのが毎回割れそうで怖い。

野田電車あるあるその5。

どんなに筋トレしても車両と車両の間のあのドアが重い。

野田電車あるあるその6。

ゲボ吐く。

おわり。

野田電車あるあるその7。

乗ってきた人に押され負けたとき、今のは気を抜いてたから仕方ないと自分に言い聞かす。

2015/04/24(金) MCはりけ〜んず さん

家でテレビを見てたら、外から知らない人の名前を連呼する声が聞こえる。

僕は政治とかそういうのは全くわからないが、この選挙カーで街中を走り大音量で自分の名前を連呼するシステムだけはやめてほしいと思う。

これだけは一体なんの意味があるのかが全くわからない。名前言われても別に票入れよってならない。

結構周りの人も同じことを思っているようでネットのアンケートなんかでは「選挙カーはうるさいし意味ないからやめてほしい」みたいな意見がたくさん来ているらしい。にも拘わらずいまだに選挙カーでひたすら自分の名前を連呼して「国民の皆様一人ひとりの言葉に耳を傾け」みたいなことを言ってる人を見ると、いや全然傾けてないがなって思う。

今日なんか自分の名前を連呼しながら「このままだとこ

の選挙負けそうです」みたいなことを言ってる人がいて、まじで知らんがなって思った。

本人じゃない人が目立ってるパターンも意味不明。

選挙カーからおばさんがニコニコしながら手を振っていて、人の良さそうな人だなって思ってその選挙カーに書かれてる名前見たらおもいっきし男の名前であんた誰だよっていうのをよく見る。せめて本人が乗っていてほしい。

これは選挙カー関係ないが、雨の中傘もささずに外で街宣している人を見ると、傘させばいいのにって思う。

今度からは候補者達で街宣バトルライブみたいのをやって、持ち時間5分で自分をアピールし、お客さんは良いと思った候補者3人までに○をするみたいなシステムにしたらいい。

投票用紙回収中に候補者たちでコーナーやってほしい。椅子取りゲームとか見てみたい。なんか生々しそう。

2015/05/01(金) 話ながっ

昼下がりの電車。

車内は空いているためとても静かで、天気も良いためポカポカとした温度に保たれている。

静かでポカポカとしていて、ちょうど良いくらいに揺れる車内。

昨日の夜はぐっすり寝た僕ですらウトウトとしていた。

すると僕の隣に座っているサラリーマンの頭が大きく揺れ始めた。

ウトウトして隣に座っている人の肩に頭が乗るくらいならよく見るが、この人の頭は両隣に座ってる人の膝の上を往復している。

サラリーマンの頭が僕の膝の上に来たら僕は軽く足を上げてサラリーマンの頭を持ち上げる。するとサラリーマンは一瞬目を覚まし元の体勢に戻るがまたまたウトウトし出して頭が大きく揺れ始める。

しかしモウロウとする意識の中にも少し理性があり

「さっき倒れた方にまた倒れたら怒られるかもしれない」

と考えて逆側の膝の上に倒れる。

そして逆側に座っていたお姉さんが僕と同じように足を上げてサラリーマンを起こす。これを繰り返している。

さすがに鬱陶しくなってきたので僕は次こっちに倒れてきたら注意しようと決めた。

しかしいざ倒れてくると、こんなに疲れきるまで働いたサラリーマンにニートに最も近い職業の僕が注意していいのだろうか？　と自問自答し、さっきより強めに足を上げるくらいに抑えてしまった。

サラリーマンは強めに足を上げられたのにちょっとびっくりし、さすがに怒られると思ったのか携帯を取り出し携帯を見て眠気を覚まそうとした。

しかし携帯を見たまま再び頭が大きく揺れ始め少しずつ僕の領域に侵入してくる。

というかさっきから僕の方ばっか来るけどなんでだ？と思いサラリーマンの隣に座っているお姉さんを見たら、お姉さんはそのサラリーマンの肩に頭を乗せて爆睡していた。やられた。

最悪の状況になってきた。

さすがにもう我慢の限界に達し、僕はサラリーマンの頭を持ち上げながら「ちょっすいません」と言った。

そしたらサラリーマンは「いかんいかんいかん」と言いながら顔を横にぶるぶると振った。

僕は生まれて初めて生で「いかんいかんいかん」と言いながら顔を横にぶるぶる振る人を見た。

という話。

2015/05/08(金) ドーン!!!

ちょいとケーブルを買いに家電量販店にやって来た。

買い終わった後ひまだったので店の中をぶらぶらしているとマッサージ機コーナーを見つけた。

よく見る光景だが7台くらいあるマッサージ機をおっさん達が絶対買うつもりもないのに勝手に使っている。

きっとこのおっさん達はこのマッサージ機をタダで使うためだけにここに来ているのだ。

人の目を気にせず幸せそうな顔で体をほぐしているおっさん達。

こうなったらおしまいだ。

せっかくなので僕もこのマッサージ機を使ってみることにした。

マッサージ機に座り電源ボタンを押す。

そしてゆっくりと目を閉じた。

あー。

あー。

悪くない。

あー。

いい。

僕は思った。

とりあえず明日も来よう。


次の日。

僕はまた家電量販店にやってきた。

そしてマッサージ機コーナーに直行した。

何も買うつもりはない。僕はタダでマッサージ機を使うためだけにやってきたのだ。

しかしマッサージ機コーナーに到着すると僕は愕然とした。

なんと誰も使っていなかったのだ。

これじゃあさすがに使えない。恥ずい。一人で使ってたら恥ずい。

僕はとりあえず店の中を一周して誰かが使い出すのを待った。

しかし一向に誰も使わない。

今日は誰も使わない日なのか？　こぞって使い出す時間帯があるのか？

今日は諦めた方がいいのか？

いや、これで帰ったらそれこそなんのために来たのかわからない。

僕は勇気を振り絞ってマッサージ機に座った。

人の目なんて関係ねぇ。僕はマッサージ機が使いたいんだ。

僕は電源ボタンを押してゆっくりと目を閉じた。

あー。あー。いい。いいでやんす。

もう一生ここに来よう。ここで死のう。

僕はしばらく幸せに浸り、ふと目を開けた。

そして周りを見渡すとさっきまでガラ空きだったマッサージ機がおっさん達で埋め尽くされていた。

一体このおっさん達はどっから湧いて出てきたんだ？

僕は気づいた。

このおっさん達は誰かが使い出すのを待っていたのだ。

一人でマッサージ機を使い出すのが恥ずいから誰かが使い出すのをこの辺りで見張っていたのだ。

僕は確信した。

ここはゴミくず人間ホイホイだ。

マッサージ機の気持ちよさに抜け出せなくなった人間が集まるゴミくず人間ホイホイなのだ。

そして抜け出せなくなったゴミくず人間達は体が干からびるまで一生ここで体をほぐされ続けるのだ。

そして僕はそれにひっかかってしまったのだ。

うあああ。たたたたすけ。うああああ。

2015/05/15（金）叫びたくなった

ジムで筋トレしてたら知らんおっさんが話しかけてきた。

おっさんは「おまえ見たかニュース。怖いニュースやってるよな。中年のおっさんがむしゃくしゃしたから車で人に突っ込んだって」と勝手に喋り出した。

僕はダンベルを持ち上げながら「怖いっすねー」と返事した。

おっさんは「いやー気をつけないとなー」と言った。

僕は「そうっすねー」と言った。

おっさんは「悪いことしたら俺たちも捕まるんだよなー」と言った。

僕は「そっち側の目線かい」と言った。

おっさんは「そっち側？　ん？」と言った。

僕は「いや犯罪者側の意見だったんで」と言った。

おっさんは「犯罪者側？　ん？」と言った。

僕は「あっいやなんでもないっす」と言った。

おっさんは苦笑いしながら「なんだおまえ。大丈夫かよ？」と言ってどっか行った。

筋トレを続けた。

2015/05/23（土）首、腕、太もも、胸板

朝バスケに行くとき、駅で後輩と待ち合わせしていたので改札を出たとこあたりで後輩を待っていた。

そしたら改札を出てきた見知らぬ2人の女子高生が僕の方をチラチラと見ている。

最初1人が僕に気づき「ねぇねぇ」ともう1人の女の子の肩を叩き僕の方を見ながら「うわっほんとだー」みたいな会話をしてる感じだった。

なんだろう？　もしかしてマヂカルラブリーを知っている人かな？　と思い、完全に気を抜いていたのでちょっと

背筋を伸ばして前髪を綺麗に分けて、それでもその女子高生に気づいていない感じのすました表情で斜め上を見ていた。

声をかけられるんじゃないかとドキドキしていたが、その女子高生は話しかけてくることはなく僕の前を通り過ぎていった。

ただ、もっとも僕に近づいた瞬間わずかに彼女達の話し声が聞こえた。

その時ほんのわずかに聞こえた声は「ふとっ」だった。

ふとっ。

太いという意味っぽい。

彼女達は僕の何かが太くて盛り上がっていたのだ。

一体僕のなにが太かったのか？

今日の僕はパツパツのTシャツ1枚。

太い部分が多すぎた。

2015/05/29（金）毎度おなじみ

仕事終わりにごはんとか飲み物を買うためにコンビニに寄った。

そこで1180円の買い物をした。

財布を見ると1000円札がなく5000円札しかなかったので、レジで僕は5000円札と小銭の180円を出して合計5180円を店員に渡した。

店員は若い男の人だった。

店員は「お預かりします」と言ってお金を受け取りレジを操作した。

そして店員はレジからお釣りを出してこう言った。

「3990円のお返しです」

僕は「ん？」と言った。

店員は僕の「ん？」を無視して1000円札3枚と大量の小銭を渡し「ありがとうございました！」と言った。

僕は「いや、すいません。あれ？　3990円ですか？」

と聞くと、店員は「あ、はい」と言った。

僕は「たぶんお釣り4000円ちょうどになると思うんですけど」と言うと、店員は「えーと。1180円で5170円受け取ったんで、お釣りは3990円になりますね」と言った。

僕は「え？ 僕出したの5170円ですか？」と聞くと店員は「はい」と言った。

どうやら僕の出した小銭が10円足りなかったようで5180円のつもりが5170円だったらしい。

僕の確認不足が招いた事態。店員は自分の仕事をしただけだ。

でもさー。

わかるじゃないっすか。

10円足りてないなってわかるじゃないっすか。

お釣り4000円ちょうどで欲しいんだなってわかるじゃないっすか。

僕の財布パンパンじゃないっすか。

僕は「すいません。10円今から出してお釣り4000円にしてもらえることできます？」と聞くと店員は「えーっと。そうですねー」とか言いながらレジを操作しだした。

そしてその店員さんは先輩の店員を呼んで「あのー今のお会計をなしにしてお釣りをですねー」とか説明しだした。

後ろを振り返ると僕の後ろに3人くらいお客さんが並んで待っている。

僕は「あっいや、もう大丈夫です」と言った。

店員は「はい。ありがとうございましたー」とその言葉を待ってましたみたいな感じで言った。

なんか腑に落ちない。

とりあえず屁こいた。

ツイッターとかに載せたら荒れそう。魔法のｉらんどでよかった。誰も見てないから荒れない。

2015/06/06（土）他の4つも十分怪しい

7月25日に1日単独ライブをやる。

1日に5つのマヂカルラブリー主催ライブをやるわけだが、この1日単独ライブには通し券があり5000円でその日の全部のライブが見れる大変お得なシステムだ。

どのくらいお得なのか見てみよう。

漫才単独1500円

野田スクールクリスタル1200円

おもしろクイズ大会1200円

コント単独1500円

ラブリートーク1000円

合計6400円

通し券は5000円なのでなんと1400円もお得なのだ。

しかしよく考えてもらいたい。この5つのライブの中にこっそり怪しいのが紛れてる。

そう、おもしろクイズ大会だ。

おもしろクイズ大会だけ「おもしろクイズ大会とかでいいんじゃね？」で決まった感が半端ない。

1個くらいこんなライブあってもバレないだろうと思っていたが、この前お客さんに「通し券買いたいんですけど、おもしろクイズ大会ってなんですか？」と聞かれ、完全にバレていることに気づいた。

通し券を買うか迷われてる方。

もう一度考えてもらいたい。

おもしろクイズ大会のチケットは1200円。


おもしろクイズ大会がハズレでも通し券の方が200円もお得なのだ。

200円あればレッドブル買える。レッドブルおいしい。やったね。


ラブリートークもだいぶ怪しい。

2015/06/15(月) 良かれと思って送ったのだろうが

エリートヤンキーの橘からLINEで、なかやまきんに君さんが楽屋で上半身裸になってポーズしてる写真が送られてきた。

おそらく今日出番が一緒で楽屋で撮らせてもらったのだろう。

そして橘は「君のことを言っておいたよ!」と言った。

僕はとりあえず「助かるよ」と返した。

よくよく考えたら何も助からないし、きんに君さんも知ったこっちゃないだろうし、別に僕はマッチョの写真を集めてるわけじゃないのでわざわざ写真送らなくていいと思った。


2015/06/21(日) よくねーし、と言った

いまだに女子と2人で話してるところを男子に見られるのが恥ずかしい。

今日楽屋で後輩の横澤夏子が僕がさっきまで座ってた椅子に座っていたので夏子はそれに気づき「あっ野田さんす

いません。座っちゃいました」と言った。

別に他にも椅子はいくらでもあったのでかまわなかったが、軽めのジョークで僕は「うわー最悪だわー」と言った。

そしたら夏子は「ちょっと野田さーん」と言った。

やばっ、と思った。


僕は「まぁまぁまぁいいけど」と早くこのくだりを終わらすために冷めた感じを出したら夏子は僕の方に近づき僕の肩を叩きながら「ちょっとなんなんですかー」と言った。

きっつーっと思った。

つらいつらい。

このやりとりを男子に見られたくない。

これでこのやりとりを見てる男子が「おい仲良しかおまえら」なんて言ったら僕はうろたえて「そんなんじゃねーよ」と余計ややこしくなるようなリアクションをとってしまうに違いない。

僕は先手を打つために「おい仲良しって思われるだろっ」と周りに聞こえるように言った。

これを言うことによって周りの男子からいじられる隙をなくしたのだ。

そしたら夏子は「別にいいじゃないですか」と言った。

確かに、と思った。

僕は周りを見渡した。

誰も見てなかった。

2015/06/29(月) 次は写メも撮る

バスケの試合をした。

いつもの吉本の若手だけで集まった遊びみたいな試合とは違い、今回はソニーの芸人さんと公式のルールで試合をした。


試合序盤、みんな緊張でふわついていていつものプレーができていなかった。

仲間同士でもめて空気もかなり悪くなっていた。

そして僕もやり慣れていない相手でいまいち戦い方がつかめずにいた。

僕の仕事はリバウンド。シュートが入らなかったときそのゴールからはじかれたボールを取る、という一見地味だがゲームの勝敗を握る大事な仕事だ。

リバウンドを制するものはゲームを制す。

しかし緊張で足に力が入らずいまいちちゃんと跳べない。

あと気合を入れるために試合前ジムに行って筋トレをしたが、かなり盛り上がってしまい完全に体を追い込んでしまったためもう動けない。なんだったらもうシャワー浴びて帰りたい。

リバウンドに全く反応できず棒立ち。これじゃあだめだ。

僕は集中し、外れたボールに果敢に飛び込んだ。

そして伸ばした手が相手選手の体にぶつかった。

「うわっ突き指した」と思った。

バスケで突き指はよくある。僕はとりあえずディフェンスをしなくてはいけないので自分のポジションに戻った。

突き指した親指が痛む。

僕は腫れてるんじゃないかと思い自分の親指を確認した。

そして僕は一瞬青ざめた。

親指がそりまくってる。

そりまくってるっていうかなんか親指の付け根の関節が飛び出てる。

「いや脱臼してるー」ってなった。

僕は慌てて反り返った親指を元の方向に曲げた。

そしたら関節が「カチッ」て音がして元に戻った。

「治るんかいー」ってなった。

その後、僕は親指を氷で冷やしに行った。

後輩から「あれ？　野田さん突き指ですか？」と聞かれた。

僕は「いや脱臼してさ」と言った。

後輩は「ええぇ！　やばいじゃないですか」と僕の親指を覗き込んだ。

しかしもう親指は元の状態に戻っている。

僕は「いや、もう治したんだけどさ」と言った。

後輩は「あっそうなんすか」と言った。

僕は「いやっまじで脱臼したからね？」と言ったら後輩は「やばいっすねー」と言った。

そして後輩は「あっ野田さん次の試合出ます？」と言った。


僕は逆に出てみた。

もう一度親指外れないかなって思った。


初めての脱臼でうかれてるからすごい長文。恥ずい。

2015/07/07(火) いろんな言葉が喉まで出かかった

僕は体の調子が悪いのを人に伝えるのが下手くそだ。

僕は20歳くらいまで、風邪をひいたとき周りに風邪をひいた感じを見せないでいた。

風邪をひいていても元気に振る舞った。周りも僕が風邪を引いたことに気づかなかった。

しかし風邪をひけば当然体のパフォーマンスは落ちる。

パフォーマンスが落ちれば失敗もする。

失敗してから「実は体の調子が悪くて」と言っても言い訳にしか聞こえない。

だから失敗をしても風邪をひいたことは隠し続けた。


しかし世の中には風邪をひくのが上手い奴がいる。

風邪をひいたことを過剰に周りに伝えず、むしろ周りから「あれ？　調子悪いの？」と心配してもらえるような立ち振る舞いをし、そこであえて「全然大丈夫っすよ」と元気に振る舞うことによって周りからの「無理すんなよ」という言葉を引き出させる、そんな風邪ひきのプロが世の中にはいる。

僕はそれになりたい。

僕は先週親指を脱臼し、親指を痛めている。

まだ治ってない状態でこの前バスケットをしたとき、親指が痛いそぶりは周りに一切見せず、まるでもう治ったかのようにプレイした。

しかし実は脱臼した方の手は1回も使っていなかった。

利き手を脱臼しているためシュートは全然入らない。

しかしあえて言い訳をせずに僕は左手だけでプレイし続けた。

いつもは入るゴール下のシュートを連続で外していたらGO！皆川が僕の方に寄ってきた。

ついに僕の様子に気づいた者が現れた。

そしてGO！皆川はこう言った。

「左手のプレイにこだわり過ぎて全然シュート入ってないっすよ」

僕は「あぁ」と言った。

2015/07/14（火）反省してない

あまりにもバスケがした過ぎて、最近家でバスケットのオンラインゲームをやっている。

世界中の人と試合が出来るゲームで、毎回知らん人とチームを組み、知らん人達と戦う。

このゲームはあまり日本では普及しておらず、ほとんどの人が外国人。

なのでゲーム内のチャットは基本みんな英語で行われる。

もちろん僕は英語はわからない。

試合中は中学1年生くらいでも知っているような英単語を使い、なんとかチームメイトに自分の気持ちを伝える。

僕がマークしている相手がめちゃめちゃ強くて僕のところが穴になってしまってどんどんシュートを決められてしまっているとき、僕は周りに「相手が強すぎるんだ。自分はさぼっていない」みたいなことを伝えたくて「this player is good no happy me !!」という訳のわからん英語を叫んだ。

そしたらチームメイトが「noob!! noob!!」と叫び始めた。

僕はとりあえず「ok! noob!!」と返して必死にくらいついた。

それでも相手が上手でどんどん点を決められてしまい、チームメイトはさらに「noob! noob!」と叫んだ。

僕も「noob!! noob!!」と叫んだ。

なんか僕の中ではｎｏｏｂ!!は「気合だ！」的なニュアンスの言葉だと思い、ｎｏｏｂ!!と言われたら僕はｎｏｏｂ!!と返し続けた。

そしたらチームメイトが「noob is you!!!」と切れはじめた。

なんか様子がおかしいなと思い、片手でスマートフォンを操作し英訳サイトでｎｏｏｂを調べてみたらｎｏｏｂは「初心者」的な意味だった。

ずっと周りは僕に「初心者！　初心者！」と言っていて僕はそれに対して「初心者！」と返していた。めっちゃ腹立つやつになっていた。

試合が終わった後、僕はチームメイトに「sorry I am noob」と言った。

チームメイトは「lol」と言った。

僕もとりあえず「lol」と返した。

あとで調べたらｌｏｌは日本で言うところの「（笑）」的な意味だった。

2015/07/21（火）カラオケが安い分、みたいな見方もあるし

村上と単独のネタ合わせをどこでするかという話になった。

これまでは吉本の本社を使っていたが、ここ最近本社のセキュリティーが厳しくなり中に入るための手続きがかなりめんどくさくなったので誰も本社は使っていない。

なので昔みたいにカラオケでネタ合わせをしようという事になった。

そしたら村上が「高円寺にとんでもなく安いカラオケがある」と興奮気味に言った。

じゃあそこにしようと僕は言い、次の日僕らは高円寺に集まった。

そして村上に連れられそのカラオケに入った。

村上は料金表を指差しながら「まじで安くない？」と興奮気味に言った。

確かに安い。

村上は「こんな安くして大丈夫なのかよ」と興奮気味に言った。

「ドリンク飲み放題でこの料金はまじでやべーよ」と興奮気味に言った。

受付を済まそうとしたら店員さんが「すいません。ただいま満席でしてあと30分ほどで空くんですが」と言った。

僕達は「じゃあ30分後にまた来ます」と言って、店を出て時間をつぶすことにした。

30分外にいるのもつらいので、どっか店に入ろうと思い高円寺をフラフラ歩いた。

すると喫茶店を見つけた。

「ここにするか」と中に入りかけたが、外に出ているメニューに「コーヒー500円」と書かれていて僕は「高けーな」と言った。

僕は「他にしよう」とその店を離れようとしたら村上は「いやっ普通じゃない？　ここでいいっしょ」と言った。

その時の村上の「普通じゃない？」の顔がめちゃくちゃ腹たった。

すごく「普通じゃない？」顔をしていた。

確かに喫茶店でコーヒー５００円はいくらでもある。

しかしこいつはさっきまで安いカラオケを見つけて興奮していたのだ。

「ドリンク飲み放題でこの料金はまじでやべーよ」とか言っていたのだ。

なのに喫茶店みたいなちょっとおしゃれで大人な店の話になったら急に「知ってる大人」みたいな空気を出してくるのがめちゃくちゃ腹立つ。

ドリンク飲み放題の安さに興奮してたような奴にコーヒー５００円を「普通」と言う資格はない。

僕は「いや、安いカラオケに入るために高いコーヒー飲んで時間つぶしてたら意味なくない？」と言うと村上は「んーまぁそうかな」と言ってしぶしぶ了解した。

その後僕達はファーストフード店で時間をつぶすことにした。

村上は１００円のコーヒーを頼み、僕はダブルチーズバーガーセットを頼んだ。

村上は「いや、まじかよ」と言った。

確かにちょっと「まじかよ」だなと思った。

2015/07/28（火）書籍化

なんと野田の日記が書籍化された。

お客さんだけではなく芸人も結構買ってくれている。

でも芸人がお金を出してこの本買っているのがなんだか申し訳ないというか、本来はタダであげるべきなのだろうが、なにぶんこの本は1冊５００円で、全部売れてようやく赤字を免れるくらいの値段で売られている。

しかも赤字の場合は僕ではなく大宮の劇場がそれをかぶるという話をされているので大宮の劇場のためにも適当に芸人達にタダであげるわけにはいかないのだ。

しかし本来グッズとか単独のＤＶＤなんかは芸人にはタダであげるものだ。

それを考えるとやはり本を芸人達に買わせるのはなんだか後ろめたい。というか芸人達はどう思っているのか気になる。


たまに楽屋で後輩が「あっ野田さん僕も今から本買います」と僕に言ってくる場合がある。

本は劇場のロビーで売っている。

しかしよくよく考えると「今から本を買います」という宣言はいらないというか、本を買ってから「本を買いました」と報告するだけでいいわけで、なんでわざわざ僕に宣言してくるのかというのを考えてみると、もしかしたらだが「今から本を買います」のあとの僕の「あーいやいや、タダであげるよ」を待っているんじゃないかと考えてしまう。というか本来は言うべきなのだ。

「あいつ後輩にも本買わしてるぞ」と言われていたらどうしよう。

本を買った後輩から「本にサインしてください」と頼まれるが、それも逆になんかいじられてるんじゃないかと心配になってきた。


評判が悪くなっているかもしれないと思い、僕は楽屋で「っていうか俺芸人に本買わせまくってやべーよな」と言ってみた。

そしたらアイパー滝沢が「俺もそれやろ」と言った。

僕は「え？　それってなに？」と言ったらアイパーは「俺

も芸人に手編みのグッズ買ってもらお」と言った。

アイパーはおそらく何も考えずに言っているが僕はかなりうろたえた。

やはりルール違反なのかもしれない。


でも本を買ってくれた芸人たちは少なくとも僕の前では笑顔でいてくれている。

僕はそれを信じて買ってくれた芸人達に心の底からありがとうと思うことにしようと思った。


買ってくれた方、ありがとう。完全版も5冊くらい買ってね。

2015/08/05（水）地獄

大宮の若手漫才寄席。

次の出番が僕達だったので舞台袖で椅子に座り前のコンビのネタが終わるのを待っていた。

そしたら隣に座っていた天狗の横山が急に立ち上がりケツを僕の方に向けて屁をこいた。

僕は「おい」と言った。

横山は「すんません」と言った。


しばらく時間が経ってから、さっきの屁がとんでもなく臭ってきた。

僕は「くっさ」と言った。

近くにいた村上も「うわっくっさ」と言った。

横山は「すんません」と言った。

本格的に臭くなってきて僕はマジのトーンで「うわー。まじくせーじゃん。テンションさがるー」と言った。

そしたら横山がすごい落ち込んで「いやほんとすいません」と言って手で屁をちらしだした。

僕も一緒に手で屁をちらした。

そして前のコンビが終わったので舞台に出た。

そしたらお客さんが15人だった。

15人の前でややウケだった。

ネタが終わって舞台袖に戻ったらまだ臭かったので手で屁をちらした。

僕はいったい何をしてるんだろう、と思った。

2015/08/14（金）う[redacted]こさん

ここ半年くらい「知らない人が勝手に家に入ってくる」という夢を何度も見ている。

こんなにしょっちゅう見る夢は生まれて初めてなので、なんかあるんじゃないかと思い夢占いをネットで調べてみた。診断結果は、

「あなたのテリトリー内に入ってくる鬱陶しい人間がいることを表している、または現在自分を脅かしている何かがある」

と書いてあった。

テリトリー内に入ってくる鬱陶しい人間。自分を脅かす存在。それはいったい誰なんだろう。

僕は思い当たる人物を探した。

僕のテリトリーとはなんだろう。やはりお笑いだろうか。

それを脅かす存在とは誰だ？　後輩？

そして僕はふと半年前に焦りを感じた出来事を思い出した。

それは大宮の楽屋。

村上が周りの芸人に「あれ？　なんかちょっと痩せたんじゃない？」と言われ注目を浴びていた。

村上は「相方がマッチョになったんで僕も痩せて良い身体になろうかなって」と言った。

そう。その話を楽屋の隅で聞いていた僕は焦ったのだ。

あいつの身体の中には確かに筋肉が潜んでいる。

マッチョの目は正しい。僕の目は彼の脂肪の下に隠れた筋肉をとらえている。

だから焦ったのだ。彼は痩せたら良いマッチョになる。

僕はそれ以来人が勝手に家に入ってくる夢を見ているのだ。

僕を脅かす存在。それは相方だったのだ。

負けたくない。

僕は楽屋で村上を横目でチラチラ見た。

あの日から半年経っている。

衣装の上からではよくわからないが、もしかしたらもう既に良い身体になっているのかもしれない。

僕は焦りを隠せず、村上が衣装に着替えるときに服を脱ぐ瞬間を見ようと思った。

もしかしたらこれを見る事によってさらなる悪夢に悩まされるかもしれない。

だが僕は逃げない。

逃げずに受け止めてやる。悪夢？　いくらでも見てやる。

そして村上が服を脱いだ。

僕は息を呑み込んだ。

村上はう[redacted]こみたいな身体をしていた。

なんかう[redacted]こって感じだった。

舞台袖で村上は僕に「ポテチとご飯だったらポテチ食った方が痩せる感じがするんだけどどう思う？」と聞いてきた。

良い夢見れそうだなって思った。

2015/08/21（金）腕に著作権というタトゥーを入れたい

キングオブコント2回戦前日。

今回僕たちがやるネタは「カービィ」。

少年がカービィに吸われてカービィの体内に取り込まれてしまうが自力でカービィの体内から身体をぶち破りかろうじて顔だけ脱出するというネタ。


このネタの一番こだわっているところはカービィの身体をぶち破り顔だけ飛び出す場面だ。

カービィの衣装はピンク色のポリ袋70Lで作っている。

ピンク色のポリ袋70Lにカービィの目と口をつけているだけだが、ぶち破るところだけ細工がされている。

ポリ袋1枚だけだとぶち破る時のカービィの肉厚感が弱い。

しかしポリ袋を2枚重ねにしたのを被ってしまうと音がこもりすぎてお客さんに声が届きづらい。

なのでぶち破るところだけポリ袋を二重にした。

なんども試したので部屋の中は裂けたポリ袋が散乱した。


深夜4時。ようやく納得のいくカービィが完成し、僕はその日の大会に向けて寝た。


そして本番。

ネタは順調に進んでいた。そしてついにぶち破るシーン。

僕はカービィの中からまず指で袋を少し裂き、そこに顔を突っ込んで顔でカービィの身体をぶち破った。

そしてカービィの身体から僕の顔が飛び出す。

飛び出して見えたお客さん達の笑顔。

「ああ、カービィをやって本当に良かった」

僕は心の底からそう思った。


翌日、結果を見たら余裕で落ちていた。

カービィの身体ぶち破ったら余裕で落ちた。

カービィやんなきゃ良かった。

これ以降キングオブコントはずっと1回戦で落ちている。やんなきゃよかった。

2015/08/28（金）心が折れた時の声

このHPのBBSを久しぶりに見た。

久しぶりに見ると書き込みが増えている。

キングオブコントの励ましのメッセージや野田の日記の感想をみんなが書いてくれている。

これは返信しないわけにはいかない。

さっそく返信コメントを一人ひとりに書いていく。

たった1行の簡単な返信だが実は結構言葉を選んだりなどしていつも時間がかかってしまう。

全員分の返信を書き終え、「書き込む」を押すために下にスクロールをした。

するとページがフリーズ。

しばらく経って画面が真っ白になり、「ページを開きなおしました」というコメントとともに真っ白の書き込みスペース。

さっき書いた全員への返信が全部消えている。

戻るを押してもさっき書いた文は戻ってこない。

まじかよと思った。

仕方ないので僕はもう一度全員への返信を書いた。

今度は急に消えてもいいように全文をコピーした。

そして下にスクロール。

するとまたフリーズして、「ページを開きなおしました」というコメントとともに書いた返信が全部消えた。

しかし今度は大丈夫だ。さっきコピーしたのを貼り付ければいい。

僕は右クリックを押した。

しかし貼り付けが押せない。

なぜかさっきのコピーができていなかった。

右クリックの後コピーを押したつもりが枠外を押してしまったのかもしれない。

僕はもう一度書き直した。

今度はしっかりと全文コピーし、さらにコピーした文を貼り付けちゃんとコピーができているのを確認した。

そして下にスクロール。今度はちゃんとスクロールできている。

さぁようやく書き込みをしようというときに、登録メールアドレスとパスワードを入力していないことに気づいた。

このホームページの管理人である僕はBBSに書き込む時メールアドレスとパスワードを入力しなくてはいけない。

メールアドレスをいちいち書き込むのがめんどくさいのでメールを開いて自分のアドレスを見つけそれをコピーして貼り付けた。

よし書き込もうと思い下にスクロールした。そしたらフリーズした。

そしてまた「ページを開きなおしました」となって書いたのが全部消えた。

まだ慌てなくていい。

僕はさっきコピーした全文を貼り付けようと思い貼り付けを押した。

そしたらさっきコピーした自分のメールアドレスが貼り付けられた。

「ああああ」と叫んだ。

2015/09/05（土）良いことなんもない

大宮の埼京線乗り場からの階段が凄く急できつい。

僕は頻繁にジムでスクワットをしていて、スクワットをすると筋肉痛が1週間くらい取れない。

筋肉痛が取れたらまたスクワットをするので基本的にずっと脚は筋肉痛だ。

だからこの埼京線の階段は筋肉痛だととてもきつくて手を膝につきながらやっとの思いで上っている。

あと腹筋と背中も筋肉痛で姿勢が保てず、人とぶつかるとすぐによろける。

駅の前の信号が赤になりそうだったので走って渡ろうとしたが、筋肉で身体が重すぎたので諦めた。


楽屋に入ると、ライスの関町と犬の心の押見さんが風邪をひいていた。

僕は2人に「移りたくないんでマスクしてくださいよー」と言った。

押見さんは「そんな身体鍛えてるんだったら風邪ひかないでしょ」と言った。

僕は「いや常に身体鍛えてて、常に身体が疲れてる状態なんで免疫が下がって風邪ひきやすいです」と言った。

押見さんは「じゃあなんで身体鍛えてんだよ」と言った。

確かに、と思った。


ジャンプ力をのばすために鍛えていたが、最近膝を痛めたので普通の人より跳べなくなった。

2015/09/12(土) あの人も鉄板つかみギャグとかあるのだろうか

カラオケ店の営業。

中に入ると、大部屋の中に小さなステージがありその前に椅子を並べネタが見れる環境が作られていた。

店内は声が聞こえないくらいの爆音で音楽がかかっており、お客さんはイケイケなお兄さんやお姉さんばかり。入った瞬間にアウェイであることを感じた。

控え室には店側の人が僕たちのために大量のご飯を用意してくれていたが、村上はそれに一切手をつけず楽屋をウロウロしながら「やべー。こえー。絶対ヤンキーとかいるよー。絶対やべーよー」とブツブツつぶやいていた。

一方一緒にこの営業に来ていたえんにちのアイパー滝沢はソファでくつろぎながら「なんか落ち着くわー」と言っていた。さすがだなと思った。

そして僕達の出番。

「はいどーもー」と元気良く登場すると、案の定そこはギャルとエグザイル風お兄さんの巣窟だった。

しかし僕達もそこそこ芸歴が長い。営業や寄席の鉄板つかみギャグというものは存在する。

まず手始めに村上がウルトラマンのモノマネをした。

とんでもない声量で「ぜえあ!」と言う鉄板のモノマネ。

しかしいくら声量を出したところでカラオケ店なので出してもおかしくない声量だったため反応はいまいち。

そして次に僕は「服を早く脱ぐ」という特技を披露した。

服を早く脱ぐと言っておきながらめちゃめちゃ時間をかけて脱ぎ、最終的に脱いだらマッチョだった、という一連の流れ。

しかし服を脱いでもエグザイル風のお兄さんは「なかなかじゃん」みたいな顔で僕を見て終わり。

僕らの鉄板つかみギャグは底を突いた。

こっからネタに入ったが、当然地獄みたいな空気になり軽く会釈するみたいなお辞儀をして終わり控え室に戻った。

ソファに座るなりため息が漏れた。

この先もきっとこういう営業はあるだろう。こういう経験を積み重ねてどこでも通用する芸人にならなくては。

カラオケ店を去る途中、チラッと僕達が立っていたステージを見た。

そしたらマーク・パンサーさんが来ていて、ステージでDJをしていた。

マーク・パンサーさんもカラオケの営業とかするんだな、と思った。

僕達もがんばろう、と思った。

2015/09/19（土）とりあえずゲップをした

一人でもんじゃ食べ放題に行った。

その店は6テーブルあり、1つだけテーブルが空いていたのでその席に座った。

座って周りを見渡したら僕以外全員女子だった。

しかも全員2人で来ていて、男1人で座ってる僕は完全に浮いていた。

メニューを見ていたら、周りの女子の話し声が聞こえてくる。

よく聞いてみると全員が恋バナしていた。

1つのテーブルに集まってみんなで喋ったらいいのにっていうくらいみんな恋バナしていた。

しばらくもんじゃを食べていたら隣のギャルが「もう食べられないんだけど」と言っていた。

「でも残したら怒られそうじゃない?」「どうする?」と相談しながらチラチラこっちを見てきた。

なんか嫌な予感がした。

そしてギャルはもんじゃの入った器を僕の方に差し出しながら「すいません。いります?」と聞いてきた。

いるかい、と思った。

食べ放題なのにお隣の食べかけのもんじゃいるかい、と思った。

僕は「すいません。僕もお腹いっぱいで」と言ったらギャルは「ですよねー」と言った。

ギャルは「食わねーのかよ。マッチョなのに」みたいな顔を一瞬してから、男の店員さんに恐る恐る「すいません。お腹いっぱいで食べれないんで残していいですか?」と聞いた。

そしたら男の店員さんはさわやかな笑顔で「全然大丈夫っすよ」と言ってテーブルに置いてあった食べかけのもんじゃを片した。

店員が去った後ギャルは口を押さえ目を見開きながら「やっさし」と言った。

なんか悔しかった。

エグザイル風とかギャルとかそういう存在が、人が苦手なのが日記にあふれ出てる。

2015/09/28(月) そもそも友人関係が生まれない

芸人は自分の出番以外はずっと楽屋で待機しているため待ち時間が長い。

だから楽屋では携帯ゲームをやっている人が多い。

僕は特に楽屋で携帯ゲームをやっていることが多く、今はモンスト、FFRK、白猫プロジェクト、ねこあつめ、テトリスの5つを掛け持ちしている。

しかし5つすべてを常に愛し続けることはできず夢中になっているゲームもあれば、少し熱が下がっているゲームもある。

よくあるのが、前まで先輩とやっていたゲームが飽きてしまい他のゲームに夢中になっていたら、久しぶりにその先輩とあって「今どんな感じ?」とゲームの進行状況を聞かれたとき。これはだいぶ気まずい。

前に大宮の楽屋でロバートの馬場さんとモンストの話で盛り上がった。

しかし最近の僕は白猫プロジェクトに夢中になってしまいずっと楽屋で白猫をやっている。

そして最近大宮で馬場さんと楽屋で一緒になり満面の笑みで「どう？　やってる？」と聞かれ思わず僕は「もちろんっすよ」と返したが、ｉＰｈｏｎｅの画面はおもいっきし白猫プロジェクトを映していて、その画面を見た馬場さんは僕と一番距離が遠い席に座った。

あと逆のパターンもある。

この前ガリバートンネルの佐助が「最近野田さんＦＦＲＫやってます？」と聞いてきて僕は正直ずっとやっていなかったが「まぁ一応毎日ログインだけするようにはしてるよ」と言ったら、佐助が「本当っすか？　でも野田さんログイン30日以上前になってますよ？」と言ってきた。

最近のゲームはフレンドになったユーザーのログイン状況がわかる。

佐助はそれを知っているのに僕をひっかけにきた。僕も「いやっでもちゃんとログインしてるけどなー」と言ったら佐助は「じゃあゲームがおかしいんすかね」とそんなわけないのにそんなこと言って来たのでもう無視した。

この先もいろんなゲームが生まれ、そして飽きるだろう。そのたびに友人関係が乱れるなら一生飽きないゲームをやるのが一番良いんじゃないだろうか。

それに気づいた僕は楽屋でずっとテトリスをやっていた。

そしたら誰も人は寄ってこなかった。

誰もやっていないからだ。

最近はアプリで五目並べやりだした。逆に人が寄ってきた。

2015/10/06(火) しばらく都内で踊ってない

マヂカルラブリーありネタ単独ライブ「スーパーラーメン屋」当日。

その日は単独の前に大宮の本公演が3回あり、3回目が終わって1時間後に単独ライブがあった。

本公演が2回終わり、残すところ後1回。

そろそろ村上と最後のネタ合わせを始めようかな、と思っていたらなにやらスタッフさんが慌しく動いていた。

そしてスタッフの1人が「すいません。舞台上の照明がコントロールできなくなってしまいまして、3回目の公演はずっと照明をつけっぱなしにして始めたいと思います」と言った。

通常はネタとネタの間は暗転し、ネタが始まったら照明がつく。

そうしないと、例えば次の人がコントで最初から舞台上に誰かがいるという始まりだった場合、照明がつきっぱなしだとスタンバイしてる姿が丸見えになってしまうからだ。

しかし今日の出演者はみんな漫才か漫談。

ずっと照明がつきっぱなしでも困るコンビはいない。

しかし問題はそこではない。

スタッフさんが「それではよろしくお願いします」と話を切り上げようとして仕事に戻ろうとしたところ、僕はすかさず「すいません」とそれを止めた。

スタッフさんは「はい?」と足を止めると僕は「あのー、僕らの単独までには照明直るんでしょうか?」と質問した。

スタッフさんは完全にそれを忘れてたみたいな顔をして

「ちょっと確認してみます」と言った。

そしてスタッフさんが戻ってきて「今日中には直らないかもしれません」と言った。

僕は「僕らの単独全部コントなんですが、照明使えないとだいぶ厳しいんですが」と聞くとスタッフさんは「ずっと照明つけっぱなしでやるというのは厳しいですか？」と言った。

だいぶ厳しいだろうなと思った。

ずっと照明つけっぱなしの単独ライブはあまり見たことがない。

楽屋にスタッフさんや劇場支配人さんが集まってきて「今日は単独中止ということにしまして、また年末にやりましょうか。今日は無料のトークライブに変更しましょうか」という話になった。

照明がつかなければしょうがない。

しかし急に中止になってお客さんも怒るかもしれない。

僕らのトークライブで許してくれるだろうか？　と不安になり、せめて誰かゲストで出てくれればな、と思い隣にパンサーの向井がいたので「あれ？　向井。この後空いてる？」と聞いたら、向井は「は？」という顔をした。

とりあえず僕らでなんとかするしかない、と思った。

そして3回目の公演が始まる直前。スタッフさんが「照明直りました」と言った。

いや直るんかいと思った。

完全に単独中止だと思って気持ちが切れてしまったので、また気持ちを入れ直さなくてはいけない。

中止だと思っていたのでネタ合わせもしておらず、慌てて村上とネタ合わせを始めようとした。

するとまたスタッフさんが慌しくなり「すいません。トップバッターの方が行方不明で、マヂカルラブリーさんトップバッターお願いできますか？」と言ってきた。

僕は「え？　あっはい」と慌てて衣装に着替え舞台袖にスタンバイした。

僕は「なんだか今日は踊らされるなー」とぼやいた。それを聞いてた劇場支配人が「踊れる場所があってよかったですね」と言った。

確かに、と思った。

そんな僕たちもついにルミネで踊れる。ルミネなら何があってもぼやかずにニコニコするんだろうな。だってルミネだから。

2015/10/15（木）そして帰った

M－1、2回戦当日。

僕は精神を集中させるために、公園に川を見に行った。

川の流れを見ると心が落ち着き精神が集中するはず。

僕はひたすた川をじっと見た。

じっとよく見ると、川の水面に小さな波紋がたくさんできていることに気づいた。

なんだろうと思い、もっと近づいて見てみるとそこには大量のアメンボがいた。

めっちゃ大量のアメンボがいた。

きもって思った。

かえろって思った。

2015/10/22（木）謎の試合

深夜1時。

どうしても身体を動かしたくなり、僕は誰もいない真っ暗な公園で爆走していた。本当に真っ暗で月のあかりでかろうじて目の前が少し見えるくらいだった。

正直ちょっと怖い。怖くなったら僕は自分の腕を見る。

太い。なら大丈夫だ。

静まり返ったこの公園で爆走する僕の足音だけが鳴り響く。

そのとき、遠くの方から「あああああ」という叫び声が聞こえた。

僕はビクッとなった。

男の声だ。男が遠くの方で叫んでる。

しかもその叫び声が明らかに大きくなっている。つまりここに近づいてきている。

めっちゃ怖い。自分の腕を見る。太い。たぶん大丈夫だ。

なんで叫んでいるのかはわからないが、とにかく男が叫びながらどこからかこっちに近づいてきている。

叫び声はどんどん大きくなり、叫び声の聞こえる方から自転車のライトのようなものがこっちに向かって近づいてきているのがわかった。

男は自転車に乗って叫びながらこっちに走ってきている。

怖い。本当に事件の臭いがする。腕を見てももう怖い。太くても役に立たない。

男は自転車で立ちこぎをしながら「あああああ」と叫び、こっちに向かって全速力で走っている。

僕は怖すぎて足が固まった。もう迎え撃つしかない。頭のおかしい人に急に襲われるというのはこういうことなんだ。なんも前触れもなくそれはやってくるのだ。

心臓の鼓動が高鳴る。

男はもう目の前に来ている。制服を着ている。学生のようだ。

僕は全身に力を入れ、「はぁぁぁ」と動物の威嚇のように身体を大きく見せた。

そして自転車のライトに僕は照らされた。

男と僕は目が合った。

そのまま男は「ああああ」と叫びながら僕を通り過ぎて、そのまま闇に消えていった。


勝った。

勝った。

2015/10/30（金） 次は単独ライブをしに行きたい

村上の実家の近くで営業があった。

駅を降りるとそこはとてものどかな町で、都会のむさ苦しさを忘れさせてくれるような静かな場所だった。

山に囲まれ、人の気配は全く感じず、駅前の店はすべてシャッターが閉められており、道を歩く人は誰一人としていない。

おそらくこの町には誰もいない。今この町にいるのは僕と村上しか存在していない。営業もきっと嘘なのだ。

そう思い始めたとき、見知らぬ男性2人が僕らの方に駆け寄り話しかけてきた。

村上は「おう」と片手をあげてその男性2人に駆け寄っていった。どうやら村上の地元の友達のようだ。

村上は普段僕の前では出さないような訛りで友達と話していた。それが少し新鮮だった。

久しぶりの友人との再会に水を差すのもあれなので、僕は駅前をぶらぶら歩いていた。

すると村上が「こっち来て」と言って僕を友人の前に連れて行った。

僕は友人に軽く会釈をすると、村上が「2人が肩パン勝負したいって言ってるんだけど」と言った。

僕は「は?」と言った。

友人2人はニコニコしていた。

僕はすぐに察した。

この町には娯楽施設がないのだ。
もう日中の昼間は肩パンくらいしかすることがないのだ。
パチンコもカラオケもゲーセンもない。
だから日中の昼間はもっぱら友達と肩パンをしているのだ。
出会って30秒の友人の肩に僕はおもいっきしパンチをした。
すると友人は「うわー。一番つえー」と言った。
友人は「もういい、もういい」と言った。
こうして肩パン勝負は終わった。

そして僕達は営業先に向かった。
営業先は耳鼻科だった。
耳鼻科の待合室でおじいちゃんおばあちゃんの前で漫才をやった。
おじいちゃんおばあちゃんはずっとニコニコしながら見ていた。
でも耳鼻科に来てるくらいだからほとんど聞こえてないんだろうなって思った。

そしてネタが終わり、控え室で観に来てくれた村上のご両親に挨拶をし、僕はまっすぐ東京に帰った。
また行きたいと思った。

> 村上の地元の友達に初対面で肩パン勝負を申し込まれた話は今や鉄板トークになりつつある。

2015/11/08(日) あとセカオワファンに殴られる

今年のM−1は準々決勝で敗退。
すもう漫画の主人公が因縁のライバルに全国大会の決勝

でまわしをずり落とされそうになるが、父や仲間や恋人の声援によってまわりをずり落とされずに済んだ、という漫才は準々決勝では全く受け入れられずに終わった。

しかし落ち込んでばかりじゃ前には進めない。

僕の気持ちはすでにR-1に向いている。

まだR―1でやってないピンネタはJK LOVEしかない。

セカオワのDJ LOVEに扮した変[redacted]者が女子高生の前でモッズコートを脱ぎ裸を見せ「DJ LOVEかと思いきやJK LOVEでしたー」と言いながら中指を立てて去っていくというネタ。

この1本で勝負するしかない。

今年は1回戦から厳しい戦いになりそうだ。

> このすもうのネタは好きでいつかテレビでやりたいけどまたおこられそう。

2015/11/16(月)一応及第点はもらえていた

徳島県吉野川市に行ってきた。

徳島県吉野川市で行われる吉本新喜劇に一般の方を出演させるという企画があるらしく、それに出る一般の方のオーディションのMCという仕事だった。

会場に入る前に近くの洋食屋さんで打ち合わせをすることになった。

まず社員さんから名簿を渡された。どうやら今日のオーディションに参加してくれる方々の名簿のようだ。

参加者は15人。

そのうちなぜか双子の子供が2組いた。

打ち合わせはこの双子の話でもちきりとなった。

双子は凄く良い素材だが、2組もいらない。

どっちの双子を取るかはオーディションでしっかり見極めよう。

打ち合わせが終わり僕達は会場に向かった。

会場に着くと現地のスタッフさんから「すいません。双子の子達が2組ともサッカーの試合で来れないそうです」と言った。

さっきの打ち合わせはただ洋食屋で飯を食っただけになった。


そしてオーディションは行われた。

会社の面接のように、審査員と参加者が向き合って座っている。

その真ん中に僕らマヂカルラブリーがマイクを持って立っている。


僕らが参加者に質問をする。

参加者はその質問に答える。

その様子を審査員が見ている。

お客さんはいない。

僕達はこの空間の中で一番謎の存在となった。


そして参加者のほとんどが大道芸をやっていたり、ヒーローショーのお姉さんをやっていたりとセミプロみたいなものだったことが判明しオーディションは終わった。

全員まぁまぁ声が出ていたりまぁまぁ人前に出慣れているので「素人が新喜劇に出ている感」は全く出ない。控え室で審査員達は頭を抱えていた。


審査を終えて、僕は審査員長の方に「僕達のMCの出来はどうでしたかね?」と聞いた。

すると審査員長は「及第点やな」と言った。


ここの審査基準が一番わからなかった。

2015/11/26(ホ) わかったから早くレジを済ませてほしい

無限大ホールの近くのコンビニに行ったら怪獣のすーなかさんに会った。

久しぶりに会ったので嬉しくなった。

僕とすーなかさんは一緒にレジに並んだ。

しばらく並んで待っていたが、なぜかなかなかレジが空かない。

何をしているんだろう？　とレジの方を見てみると、BKBが店員さんに年齢確認されていた。

マスクをしていて顔がよく見えなかったが、たぶんBKBだ。

店員さんは外国の人だったので、あんなちっちゃい大人を見たことがないのだろう。

僕はすーなかさんに「あれBKBですよね？」と聞いた。

すーなかさんはBKBに聞こえるように「いやあれはBKBちゃうやろ」と言った。

僕もBKBに聞こえるように「絶対あれBKBですって」と言った。

しかし絶対聞こえてるはずなのにBKBは全然こっちを振り向かない。

もしかしたら本当にBKBじゃないのだろうか？

そしたらBKBはゆっくりとこっちを振り向いた。

そして他のお客さんに気づかれないようにこっそりと小さく両手で「B」を作ってくれた。

間違いなくBKBだった。

2015/12/04(金) はぉーい

バスケットゴールがある公園を見つけ、朝そこで一人でバスケをしていた。

しばらくシュートを打っていたら、小さい男の子が小さいビニールボールを持って近づいてきた。

そしてそのまま僕が使っていたリングにシュートをしだした。

ボールはリングに届かなかった。僕はそれを微笑ましく見ていた。

すると後ろから父親らしき人がやってきた。

お父さんは子供からボールを奪った。

「すいません、お邪魔しちゃって。ほら行くぞ。」と言うかと思ったら、そのままシュートしだした。

僕が見えていないかのように親子で黙々とシュートをしだした。

公園のリングなので誰が使ってもいいのだが、こうなってくると僕が交ざっていいのかわからなくなってくる。

さっきまで自分が使っていたゴールなのに「すいません僕も使っていいですか?」と言うのも変なので、僕は何も言わずにその親子と一緒に同じリングでシュート練習をした。

しかし知らない親子と一緒にバスケをするのはだいぶ気まずい。

しかも子供は僕がシュートを打とうとすると僕の方をじっと見る。

それがすごい気になる。

お父さんの方は明らかに経験者じゃないが、僕に見せつけるかのように機敏な動きで見えない敵を抜き去ってから小さい声で「シュッ」と口で言ってからシュートをする。

なんだか帰りたくなってきた。

子供は僕がシュートを打ったのを見届けたら、今度は自分がシュートを打つ。

しかし何度打ってもリングに入らない。

お父さんは子供に何もアドバイスすることなくただひたすら「シュッ」と言っている。

子供もお父さんを一切見てない。僕ももう見てない。誰もお父さんを見ていない。

そしてお父さんも見られていないことに気づいたのか「帰るぞ」と子供に言った。

そしたら子供は「これ入ったら」と言った。

最後にシュートが入ったら帰るらしい。

しかしさっきから1本も入っていないのでそこからが長かった。

結局30本くらいシュートを打ち、ようやく入った。

僕は思わず「うしっ」とガッツポーズをした。

帰り際、子供は僕に深くおじぎをし「ありがとうございました」と言った。

僕は子供の頭をなでながら「また一緒にここでバスケしような」と言おうと思ったが、急にちゃんと挨拶をされたのでびっくりして「はぁーい」と返した。

はぁーいはないなーとその日ずっと後悔した。

急な子供の挨拶がこの世で一番焦る。

2015/12/12（土）でも一番好きなのかもしれない

清水園という大宮にある結婚式場でネタをやった。

といってもステージは外で、ステージというか外から2階に上がる階段の踊り場にマイクを立てて漫才をした。

結構人が集まっていて階段の下には子供がたくさん集まっていた。

子供はとても元気で僕たちが登場すると一斉に「知らなーい。だれー？」と声を揃えて言い、僕がいつものつかみでスーツを脱ぎマッチョを見せつけると、子供たちは「脱いだけじゃんかー」と野次を飛ばしまくった。

大丈夫かこれ？　と心配になったが、う[redacted]こぶたやろうというフレーズを何度も言うネタをやったら子供たちは大爆笑した。子供にはマッチョよりもう[redacted]この方がウケがいい。次からは身体中にう[redacted]こを塗りたくって出てこようと思った。


そしてネタが終わり、最後にプレゼントコーナーをやった。

プレゼントは大宮の劇場のペアチケット。それを5組分用意し、目に付いた人にあげるというもの。

「欲しい人ー?」と言うと子供たちは「はいはいはいはい!」と元気に手をあげた。

その中に1人知らないおじさんが子供に交ざって「はいはいはい」と手をあげていた。

しかし僕たちは後ろにも最後まで見てくれたお客さんがたくさんいたので、後ろの方に散らばった。

そしたらおじさんは「おいおかしいだろ!なんで後ろから配るんだよ!　おかしいだろ!」と叫びだした。

僕たちはこれはだいぶやばいおじさんだと思い、完全に無視しながら違う人たちに配った。

こういうやばいおじさんをライブに呼ぶとトラブルの元になる。

おじさんは「おいなんでだよ!　前来たんだからくれよ!なんで後ろからなんだよ!　おかしいだろー!」と叫び続けた。

これはもうやばいなと思い、全部配り終わったら僕たちは早く切り上げようと、最後に「これからも大宮の劇場に来てくれますかー?」とお客さんに聞いた。

そしたらおじさんが「いくいくいくー!!」と叫んだ。

本当は良いお客さんなんじゃないか、と思った。

しかしその後大宮の劇場にそのおじさんからクレームの電話が入ったらしく「前にいたのに後ろから配りだした。どうなっているんだ」という内容のことをひたすら言われたらしい。

やっぱりやばいおじさんだった。

2015/12/20(日) それも無反応だった

ガキの使い大新年会山-1GPのオーディションがあった。

オーディション応募要項には「宴会で盛り上がるような芸を披露してください」と書いてあった。

宴会で盛り上がる芸。これはいつも僕たちに立ちはだかる難題だった。

営業でもやはり、宴会やパーティのようなノリの現場は苦手だ。やはりしっかりネタを見てもらえる劇場が一番やりやすい。

しかしいつまでもそうは言ってられない。

僕は宴会で何をやったら盛り上がるか考えた。

そして野田スクールクリスタルでやったあのコーナーを思い出した。

ソーラン節輪投げ。

村上がソーラン節を踊り、その村上に向かってみんなで輪を投げるというもの。

あれは毎回なんだかんだで盛り上がってる。

そして盛り上がるといえば僕のマッチョだ。

マッチョは脱ぐだけで一定の反応をいただける。

これだ。

そしてオーディション当日。

オーディションの審査員の方に「それではネタをやってください」と言われ、上半身裸で輪投げの輪を持った僕は「ソーラン節輪投げ。ミュージックスタート!」と気合を入れて言った。

ＣＤラジカセからソーラン節が流れる。

はっぴ姿の村上が踊りだした。そして村上に向かって黙々と輪を投げる僕。ずっと真顔の審査員。

後半に何かあるんじゃないか？　という審査員の期待を裏切り、輪を全部投げ終わって「ありがとうございました」とお辞儀をする２人。自分でも何がありがとうなのかわからなかった。

審査員の第一声を待つ僕ら。

ネタ中はとんでもない空気だったが「逆にそれが良い」みたいなこともあるんじゃないか。

そして審査員は口を開いた。

「漫才見せてもらってもいいですか?」

僕らは「はい」と言って、はっぴ姿とマッチョ姿のまま漫才をした。

ネタは郵便トーナメント。

もうわけがわからなかった。

マッチョ姿ってなに。

2015/12/29（火）自分次第

今年最後の野田の日記朗読会が行われたが、1回も日記を読まずに終わった。

読むための空気を作ろうとしてたら1時間終わっていた。

来年は読みたいなと思った。

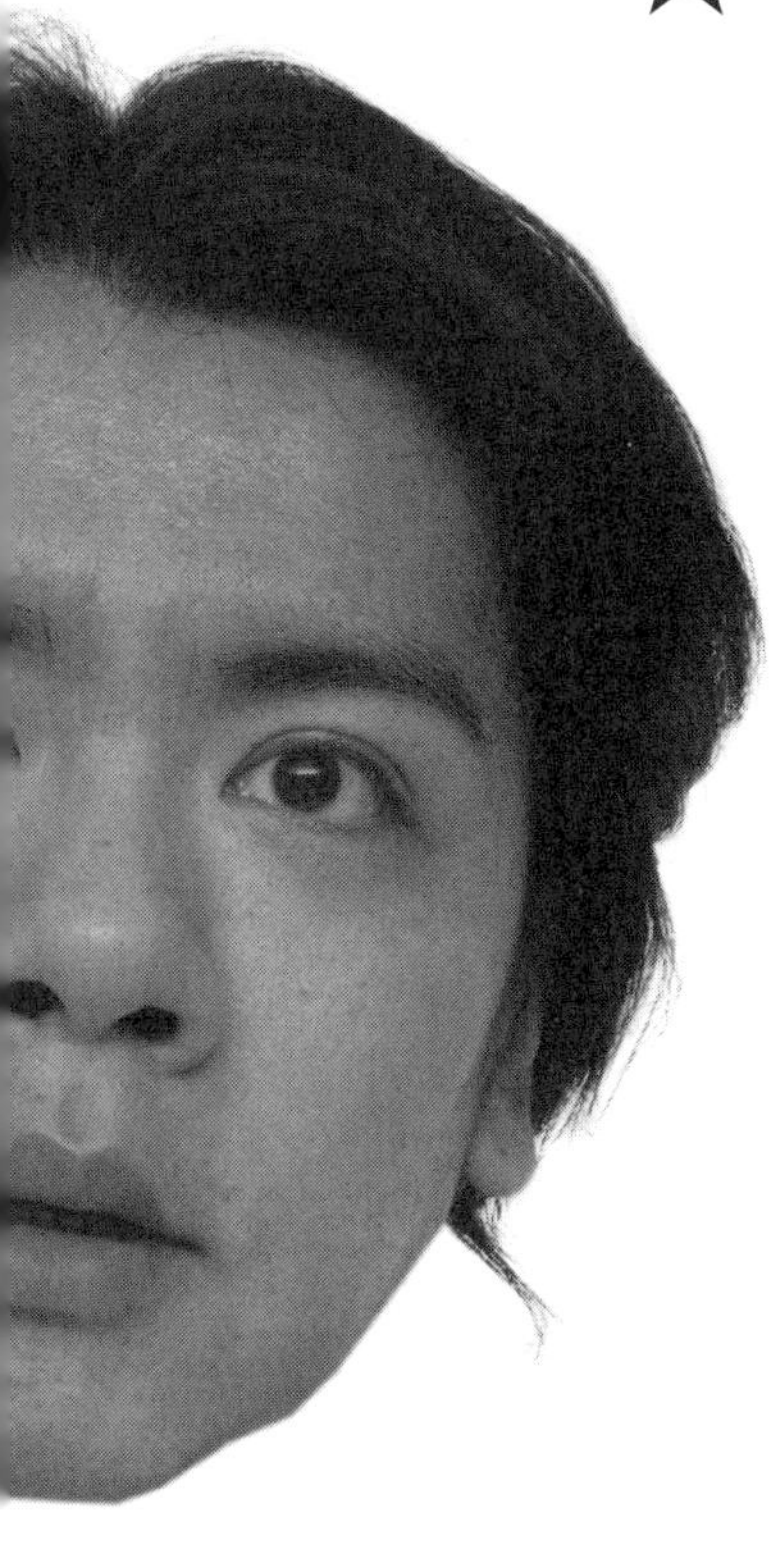

NODA'S DIARY 2016

2016年

2016/01/07（木）う[redacted]こ関係は凶

実家に帰ったついでにどっかでお参りをしようと思い、人の少ないお寺に行ってお参りをしてきた。

おみくじも引いてきた。

なんと引いたおみくじの番号が1番。そして開けて見てみると大吉だった。これは大吉の中の大吉に違いない。

お参りもしたし東京に帰ろうと思い駅に行くと、ホームに着いたと同時に急行がやってきた。早くも大吉の中の大吉の効果が現れてきた。

しかし次の駅で急にお腹が痛くなり、電車を降りてトイレに向かった。

個室のトイレが満席で、なんとか空くまで耐えてようやく空いて中に入ると便器の中にいくら流しても流れないう[redacted]こがこびりついていた。

僕は人がしたう[redacted]この上に座るのが凄い嫌だ。しかしそうも言ってられないので我慢してう[redacted]この上にう[redacted]こをして流したが、元々こびりついていたう[redacted]こはやはり流れず、しょうがないのでそのままにして個室を出たら、並んでる人がいて、僕が入っていた個室に入った。

そして僕と同じようにこびりついているう[redacted]こを何度も流していた。

きっと僕がしたう[redacted]こだと思っているだろうなと思った。

そしてホームに戻ったら、またほぼ同時に急行がやってきた。

なぜか電車だけめっちゃ大吉だった。

2016/01/15（金）ネタが終わった芸人全員が真顔になる大会

R－1ぐらんぷり1回戦当日。

同じブロックにヨイショマンがいた。

ヨイショマンとはGAG少年楽団福井のキャラクターで、どんな人でもヨイショして盛り上げることができる。

去年のこの時期の日記を読んでいただければわかるが去年のR－1で僕がヨイショマンのネタのアドバイスをしたら1回戦で落ちてすごい気まずくなった、ということがあった。

今年はまさかの同じ日の同じブロック。

福井は楽屋で「こんな感じのことをやろうと思うんですが」と相談してきたが僕は「いいんじゃない？」となるべく自分の意見は言わないようにした。福井なら本来1回戦なんて余裕なのだ。

そして福井の出番が近づいてきた。

例年のR－1、1回戦同様、ここまで全員がすべっている。

あまりにも空気が重すぎてみんなネタが飛んでしまいさらに空気が重くなるという悪循環。

地獄の空気の中、ヨイショマンが「どーもー」と舞台に飛び出した。

そして第一声。「ヨイショマンでーす。ヨイショ～」

一番前で観ているいつもライブに来てくれてるピンクおばちゃんだけが「あーはっはっ」と笑った。

ピンクおばちゃんは良かれと思ってヨイショマンのときだけ異常に笑った。

福井自身もおそらくそんなにウケてほしくないところでもピンクおばちゃんは異常に笑った。

異常に笑っているピンクおばちゃんに他のお客さんは引いてしまいネタどころではなくなっていた。

すべるよりも厳しい状況だ。

しかしここは盛り上げヒーローのヨイショマン。ヨイショマンならこの空気を変えることはたやすいはずだ。

そしてヨイショマンはぬるっと舞台袖にはけた。

なにかあるのかと思ったらヨイショマンは「あっこれで終わりでーす」と言った。

キャラを守るために「ありがとうございました」が言えないため、ぬるっと舞台袖にはけたが、スタッフさんがネタが終わったことに気付かず終わりの音楽が流れなかったためヨイショマンは舞台袖から「あっこれで終わりでーす」と言った。

もう地獄だった。

福井は凄い苦い表情で「あっお疲れでした」と言った。

ちなみにその後の僕も糞ほどすべった。


しかし結果を見たら福井も僕も受かっていた。

そもそも全員がすべっているので審査のしようがない。

R−1、1回戦の審査はこの世で一番難しい仕事かもしれない。


たしかに。

2016/01/23（土）とりあえず持ち主に謝りたい

R−1、2回戦の出番前。

控え室はなく、ロビーの入り口付近にみんなが荷物を置いてたまっている。

独特な緊張感が漂う中、僕は正座をして出番を待っていた。

ふと足元にボールペンを見つけた。

僕はそれを何気なく手に取った。

誰のかは知らないが、手持ち無沙汰だったのでつい手に取ってしまった。

僕はボールペンのキャップ部分などについてるフックの部分で指をはさむのが癖だ。

特に親指をはさむとなんか気持ちよくて、「もっと奥にもっと奥に」とフックの奥の方に親指を突っ込んでいった。

キャップについてるタイプならキャップが外れるだけだが、それはペン本体にフックがついてるタイプだった。

そしてフックの奥の方に親指を突っ込みまくってたらフックのところがパキッと折れた。

あっ、てなった。

とりあえずペンを元の場所に置いた。折れたフックの部分も置いた。

だれかが踏んで折れたという設定にした。

しかし近くに自分が折ったフックがあるのが落ちつかなかったので正座してた足をくずして、足で折ったフックを遠くに押しのけた。

でもなんか逆に「折ってしまいバレないように遠くに置いた感」が出過ぎてる感じがして、とりあえずペンを再び手に持った。

なんかもうなにをやってもバレる気がしてきて、折れたフックの部分とペンの切れ目を限りなく見えなくし、その状態のまま床に置いた。

絶妙なバランスでくっついており、もう本当にくっついてしまったんじゃないかってくらいくっついていた。

ホッとした。

スタッフさんが「野田クリスタルさーん」と呼んだ。

「えっ？　もう出番」と慌てて立ち上がった。

その拍子に折れたフックが散らかった。

とりあえずそのまま舞台袖に行った。

なんの時間だったんだろうと思った。

2016/02/01（月）そんな休日

公園の看板にかわいい犬のイラストと巻き糞が描かれていた。

その犬が困った顔をしながら「犬のフンは飼い主が持って帰ってね」と言っていた。

おまえが言うんかい、と思った。

2016/02/10（水）マックさいこー

楽屋でたまに「おまえずっと携帯いじってるな」と言われることがある。なので僕は自分がずっと携帯をいじっていると思ったら携帯を置いて顔を上げるようにしている。

あとたまに「さっきからずっと携帯でなに見とんねん」と言われることがある。ネットサーフィンでたどり着いた別に興味があって見てるわけじゃないようなサイトを見てることが多いので聞かれても答えるのが難しい。なので芸人が僕の後ろを通るときはなるべくヤフーニュースとかを見るようにしている。

あとたまに楽屋で先輩が「みんな携帯いじっとるなー」と独り言のようで楽屋全体に言ってるような声量でぼやくことがある。

これは対処が難しいが、携帯をいじる前に周りを見渡して「みんな携帯をいじっている」とは一概には言いにくいくらいの携帯いじり率のときに携帯をいじるようにしている。

あとたまに楽屋でミニコントみたいのが勝手にどっかで始まったとき、「いや、おまえも入ってこいよ」とつっこみなのかマジなのかわからない口調で言われたことがある。

なので僕はもう最近は「楽屋にいない」という対処法を取るようにしている。

僕にとっての楽屋はマクドナルドになりつつある。

2016/02/20（土）11周年すら危うい

マヂカルラブリーHPが2月26日に10周年を迎える。本当にどうでもいいと思うがめでたいことだ。

マヂカルラブリーHPと言っているが、元々は野田クリスタルHPだった。

僕がピン芸人だったときに作ったHPなのだ。

でも元々は野田クリスタルHPだったと言っているが、そもそも今も村上はこのHPに一切関わっていないので実質今も野田クリスタルHPだ。

野田クリスタルHPと言っているが、もう野田の日記しか更新してないので実質ここは野田の日記HPなのだ。

もう日記以外は更新することもないだろうと、数年ぶりにプロフィールを見てみた。

写真が懐かしい。

さらに見てみると、プロフィールにスリーサイズが書いてある。

これはやばい。プロフィールにスリーサイズ載せてるのはだいぶやばい。

別にそんなつもりで書いたわけじゃないが服とかもらおうとしてるように見える。

芸人が見たらこいつファンから服もらおうとしてやがるって思われる。

しかも10年くらい前のサイズなので、今の僕とはサイズが全く違う。もらってもパッパッになっちゃう。

何にせよ、サイズとか趣味とか特技とかちゃんと書いて、10年前のこのＨＰへの意気込みみたいのが感じられる。

次は20周年を目指してがんばろうと思う。

その前に魔法のｉらんどが消滅してる可能性が高い。

すでに利用者俺ひとりの可能性も高い。

2016/02/29（月）すいません、を歯をつけたまま言うとなるやつ

駅に向かう道のりで、途中10ｍくらいの細い路地に入る。

その10ｍくらいの細い路地の逆側から女性が歩いてきた。

女性は道の真ん中を歩いていたので僕は早めにかわしておこうと思い、左に寄った。

そしたら女性は僕と同じことを考えていたのか同じ方向に寄った。

なので僕は逆側に寄った。そしたら女性も同じ方向に寄った。

まだお互い7ｍくらい離れている。

駅とか人ごみの多い中でぶつかりそうなくらい近い距離の相手となら3回くらい同じ方向にかわそうとしちゃうというのはよくある光景だが、10ｍは過去にない。

僕は早くも賭けにでた。

このまま僕はずっと左に寄り続けることに決めた。

自分が右には死んでも避けないという意思表示を相手に見せるのだ。

そうすることによってお互いが何度も同じ方向にかわし

続けるという滑稽なことにはならない。

だから僕は左に寄ったまま歩き続けた。


そしてお互いの距離が近づいていく。

全然向こうは逆側に寄らない。

僕と同じ方向に寄り続けたままこっちへ向かっている。

それはまるで「自分は死んでも避けない」とこっちに伝えているようにも思えた。


もう間もなくぶつかる。絶対にもうどちらかが避けなくてはいけない。

でも僕は避けない。相手も避けない。

相手の考えてることがよくわかる。

ここで避けるとなんだか相手も同じタイミングで避けそうな気がするのだ。

ここまできて同じ方向に避けてぶつかるのは一番滑稽だ。


だから僕はもう避けない。

いっそぶつかってやる。

そしてお互いの距離がゼロになりそうな瞬間、僕は相手が寄っていた方向に隙間があることに気づいた。

寄り切れていない。

僕は道の端のフェンスに肩がめり込むくらい左に寄った。ガンガンガンと結構な音がした。

そしたら向こうもガンガンガンとフェンスに肩をめり込ませていた。

完全に同じことを考えていた。

お互いフェンスに肩がめり込むくらい端に寄った状態でぶつかった。

僕はすいませんと言った。

相手はすーすすんと言っていた。

絶対にすーすすんと言っていた。

2016/03/09（水）争いの火種

とあるライブのネタ見せ。

ネタ見せとは、本番前に作家さんにネタを見せてダメ出しをもらって本番までに直してくるやつのこと。

久しぶりのネタ見せで、しかもネタ見せを担当する作家さんはお笑い界でもとても大御所の方でライブ本番よりも緊張した。

ネタ見せは本社の狭い一室で行われ、僕達以外にも天狗などの漫才師が呼ばれていた。

前のコンビが終わり僕達の出番。

ネタは最近寄席でもよくやっている恋愛チャートのネタ。

僕がYES、NOで答えられる質問を村上にしていき、最終的に村上の恋愛結果が必ず同じところに行き着いてしまうというネタ。

さんざんやってきたネタで、正直もう直すところはないと思っていた。

ネタを終え、その大御所の作家さんの第一声を待った。

そして作家さんは「んー」と唸った。

いまいちだったのだろうか？

作家さんは「でもなぁー。んー」と一人でぼそぼそと言い始めた。

僕は恐る恐る「なにか悪いところありましたか？」と聞くと作家さんは「いや、さぁ。質問の中に『わりと自分は太っているほうだ』っていうのがあるじゃない。あれがねぇ」と言った。

恋愛チャートの中に「わりと自分は太っているほうだ」

という質問があり、村上はそれにYESと答えざる終えない、というくだりの部分だ。

作家さんは「あれがねー」と言った。

僕は「あの部分がダメですか?」と聞くと、作家さんは「わりとじゃないからねー」と言った。

僕は「いやでもあえてそこで『わりと』としといた方が恋愛チャートっぽいのかなと思うんですが」と反論した。

すると作家さんは「んーでもがっつり太ってるからねー。わりとじゃないもの」と言った。

僕は「いやそうなんですが、そこで『がっつり太っている方だ』ていう質問にするとさすがにあざとすぎると思うんですよね」と言うと作家さんは「でもがっつり太っているのに、わりとって言ってることに引っかかるお客さんいると思うんだよね」と言った。

僕は「それはそれでいいのかなと思います」と言った。

作家さんは「まぁその質問自体いらないかもしれないね」と言った。

僕は「じゃあ一旦そうしてみます」と答えた。

村上は横でずっと泣きそうになっていた。

2016/03/17(木) デッカチャンだよVer.1.0

ブロックくずしてというゲームを作ったときにデッカチャンさんに「デッカチャンだよ」という音声を録ってもらった。

番組とかネットの「デッカチャンだよ」を無断で使うと怒られそうなので、本人にお願いしてスマホの録音機能で録ってもらいそれをパソコンに送ってもらった。

忙しいにも拘わらず嫌な顔せず了承してくれたことに感謝しつつ、さっそくデッカチャンさんが送ってくれた「デッカチャンだよ」を聞いてみた。

僕はびっくりした。

いや、声低っ。

めっちゃ声低かった。

寝起きか?というくらい声の低い「デッカチャンだよ」が送られてきた。

もしかして本当は凄く嫌で、やる気がなさすぎてこんな低い「デッカチャンだよ」になってるのかと不安になったが、その後デッカチャンさんから「いろんなパターン録ってみたよ」という件名で、いろんなイントネーションで録ったデッカチャンだよを送ってもらった。

どうやら凄い協力的なようだ。

しかしどれも10回くらい連続で嫌なことあったくらい声が低かった。

こんなに「デッカチャンだよ」って声低かったか? と思ってユーチューブの最新のデッカチャン動画を調べてみたらなんとどれも声が低かった。

なぜか僕の中の「デッカチャンだよ」は凄く声が高いイメージだったが、動画をあさってみるとどれも声が低いのだ。

そうか、デッカチャンだよは声が低かったのか。

しかし調べてみると1本だけ非常に声が高く理想的なデッカチャンだよと言ってる動画を見つけた。

僕はこの動画のURLをデッカチャンさんに送り「こんな感じで声が高いデッカチャンだよいただけませんか?」とお願いしたところ、デッカチャンさんから「あっ初期のデッカチャンね」と返ってきた。

バージョンがあるんだな、と思った。

2016/03/24（木）最悪のモチベーション

大宮の劇場でバレンタインデーライブみたいのがあった時、お客様からチョコを渡したい芸人を投票してもらい、だれが一番チョコをあげたいと思われてるか？　つまり簡単な話、人気投票が行われた。

そこで僕の相方村上が余裕で最下位になった。

そしてこの前大宮でホワイトデーライブがあり、また同じようなコーナーをやった。

村上は「いや絶対僕最下位だよー絶対僕だよー」と言っていた。

おいおいどうせ最下位村上だろーと周りの芸人は野次った。

そして最下位は余裕で村上だった。

裏切ることなく村上だった。

今日楽屋で村上が「僕はなんで芸人をやっているんだろう？」と言っていた。

僕はなにも言えなかった。

そんな僕たちの単独ライブが明日あります。

是非見に来てください。

> この前、京都の祇園花月で全く同じコーナーをやったが村上はちゃんと最下位だった。

2016/04/02（土）そもそも髭を剃るイメージがない

楽屋でなにか金属的なものが落ちた音がした。

その音と共に謎の金属の部品と単2電池がこっちに飛んできた。

楽屋にいた佐久間さんが「やっちゃったー」と叫んだ。

楽屋にいた全員が佐久間さんの方を見て「どうしたんですか？」と聞いた。

佐久間さんは「髭剃り落としちゃったー」と言った。

佐久間さんは床に落ちた銀色のちっちゃい水筒みたいなものを拾いあげ「うわーこれ絶対こわれたよー」と言った。

僕らも散らばった部品を拾い佐久間さんに渡した。

佐久間さんは「あーこれだめだなー。新しい髭剃り買わないとなー」と言いながらちっちゃい水筒みたいなものに部品をはめ込んでいた。


そしてついに楽屋にいた芸人が「えっなんすかその髭剃り」とたまらず言った。

佐久間さんはその銀色のちっちゃい水筒みたいな髭剃りを持ちながら「え？　これ今みんな使ってる髭剃りだけど」と言った。

たまらず楽屋にいた芸人が「いやみんなは絶対うそじゃないですか」と言った。

少なくともこの楽屋では佐久間さんしか使ってない。

佐久間さんは「本当に今どの楽屋行ってもみんな使ってるんだけどなー」と言いながらその髭剃りに単2電池を入れていた。

たまらず楽屋にいた芸人が「いや単2電池10年ぶりくらいに見たわ！」と言った。

佐久間さんはとりあえず楽屋に置いてある髭剃りを使った。

そしたら佐久間さんはすぐに使うのをやめて髭剃りを置いた。

そして佐久間さんは「あーだめだ。他の髭剃りだと気持ちが乗らないや」と言った。

いままで髭剃りで気持ち乗ってたんかいと思った。

そんな愉快な佐久間さんだった。

2016/04/09(土) ハンター×ハンターの話

ついに『ハンター×ハンター』が再開する。

これまでのあらすじは今までゴン達がいた世界は本当の全世界の一部で、外には暗黒大陸という広大な土地、そしてとんでもない生物たちが住んでいたのだ。

他の漫画だったら破り捨てていたかもしれない設定だが、『ハンター×ハンター』なら許される。冨樫先生はきっと僕らの想像を超えてくるような展開をしてくるはず。

ゴンの父親のジンもついに登場したが、ジンは打撃系の能力なら見ただけで全部コピーできるという漫画が終わる音がする設定をぶち込んできた。

なんだったらなんでも願いごとを叶えられる系のキャラクターも出てきてしまっているので、だいぶしんどいことにはなっている。

しかしそんな設定を盛り込んでおきながらも先生ならやってくれる。僕らの度肝を抜いてくるはず。

バトル系漫画は後半になると強さのつじつまが合わなくなる。

しかし先生はきっとそこのルールを守ってくる。

『ハンター×ハンター』は無敵かと思われたような最強ボスキャラを爆弾と毒で倒すような面白い漫画なのだ。

個人の強さのレベルというのをわきまえているバトル漫画。それが『ハンター×ハンター』。

腕とかがちぎれてもいくらでも再生できるようなキャラ

が出てこないことを祈る。

今のペースだと暗黒大陸に行くのは50年後くらいになりそう。

2016/04/17(日)どっちも買えばよかった

スーパーの惣菜コーナーにたこ焼きが売られていた。

たこ焼きなんてしばらく食べていない。

たまには食べるか、くらいのつもりで手にとった。

しかしその瞬間パックから漏れたたこ焼きの匂いで一気に腹が減った。

あーめちゃめちゃたこ焼き食べたい。

そして僕は思った。

スーパーのたこ焼きでいいのか？

今僕はめちゃめちゃたこ焼きが食べたい。

このめちゃめちゃたこ焼きが食べたいという気持ちが、作りたてのほっかほかでかつお節めっちゃ乗ってて中がトロトロのたこ焼きで満たされたらとんでもないことになるだろう。

そのたこ焼きめちゃめちゃ食べたいという気持ちをスーパーのたこ焼きで済ませていいのだろうか？

きっと僕はこのたこ焼きを食べたらたこ焼きめちゃめちゃ食べたいという気持ちが薄まるだろう。

それはすごくもったいない。

カイジの名言で「贅沢というのはね。小出しじゃだめなんだよ」という言葉を思い出した。

どうせなら最高のたこ焼きを食べたい。

せめて作りたてが良い。

僕は持っていたたこ焼きを元の場所に戻した。

ふと横を見ると、スーパーの従業員が惣菜のパックに半額シールを貼っていた。

この流れだとこのたこ焼きも半額になるだろう。

半額になるといったいいくらになるんだ？　僕は値段を見た。

半額の値段が120円。

やっす。

元の値段すら安い。

たこ焼き屋さんでたこ焼き買うと500円以上はする。

いや高っ。

そもそも高い。むしろたこ焼き屋のたこ焼きが高い。

120円ってもう誰か知らない人でもすごく頼めばもらえる額だ。

これは間違いなく買いだ。

でも買ったら食うだろう。

食ってしまえばたこ焼きめちゃめちゃ食べたいという気持ちが薄まる。

いったい僕はどうしたらいいんだ。

僕は隣の惣菜を見た。

焼きそばが半額で120円になっていた。

僕は間をとって焼きそばを買った。

なんの間なのかは自分でもわからなかった。

家に帰って焼きそば食ったら、たこ焼きめちゃめちゃ食べたいという気持ちは一気に薄れた。

僕は腹が減っていただけだった。

2016/04/25（月）種こぼれ

とある営業でマジシャンの後にネタをやることになった。

マジシャンの後にネタをやるなんて初めての体験で、どんな空気になるのかわからずとりあえず僕は袖で手品を見させていただいた。

そのマジシャンは女性の方で、女性のマジシャンでよく見るようなハロウィンチックな衣装を着ていた。

正直ミニスカートが厳しい年齢の方に思えたが、マジシャンの衣装とはそういうものなのだろう。

そのマジシャンが最前列で見ていた子供を舞台上にあげた。

そして紙コップに水を入れそれを子供に持たせた。しきりに「まだ水は入ってますね？」と確認させた。

マジシャンの方は袖に「音楽お願いします」と言った。するとスピーカーからジャングルをイメージさせるような音楽が流れマジシャンの方は「なにやらジャングルをイメージさせるような音楽が流れてきましたねー」とまんま感想通り言った。

そしてその音楽に合わせて子供と一緒に5分近くのダンスを踊った。

おそらくコップの中に吸水性の高いなにかが入っており、踊っているうちにコップに入れた水が吸水され、コップの中の水が消えるみたいな手品なのだろう。

その吸水性の高いなにかの吸水率が非常に悪いようで踊りが異常に長くなっているようだ。

幸い子供がすごく良い子で額に汗をにじませながらニコニコと笑顔で踊っていた。

そしてようやくダンスが終わり、マジシャンが「それじゃあコップをひっくり返してみてください」と言った。

子供がワクワクした表情でコップをゆっくりとひっくり返した。

するとコップから謎のゲル状のものがステージに落ち

た。

どう見てもそれは水ではない。水なら床に落ちたらもっとはじける。

コップから落ちた謎のゲル状のものは形をある程度保ったままべちゃんとステージに落ちたのだ。

コップの中の水が消える手品、という意味では成功だ。しかし消えた代わりにステージ上には透明なゲボのようなものが現れた。


マジシャンはコップから出てきたものにはあまり触れず、続いての手品を始めた。

最前列のお客さんは床に落ちたそれが気になって、手品を全然見ていなかった。

そしてそのマジシャンの方の出番が終わると、スタッフの方がモップを持って舞台上に飛び出した。

そしてそのゲル状のものを大急ぎで拭いていた。

しかしゲル状だったためなかなか処理にてこずっていた。いっそ水をこぼしてくれてた方がよかった。


いったいどうするんだろうと思って見ていると、そのゲル状のものがあったところの上にこのあと僕らの漫才で使うスタンドマイクを置いた。

スタンドマイクをゲル隠しに使ったのだ。


僕らはゲル状の上に立ったマイクを使って漫才をした。初の体験だった。

気持ちすべった。

2016/05/03（火）脱力を完成させた者

「くねくね」という都市伝説を知っているだろうか?

くねくねは一見普通の人間だが、体がくねくねしていて関節が不自然に曲がっていて不気味な存在らしい。

そんなくねくねを目撃したという情報が全国各地で出回っている。

この前、平日の昼間に公園でひたすらジャンプをしていた。

僕の人生の目標はダンクすることなので、休みの日はもっぱら公園でジャンプをしている。

しかしその日は祭日で公園にたくさんの子供がいた。

さすがに子供に交じってめちゃくちゃジャンプするのは僕でも恥ずかしいので、僕は公園の端っこに行って目立たない日陰のところでジャンプすることにした。

ジャンプとは脱力がすべてだ。

僕は体の脱力を覚えてからジャンプ力が飛躍的にあがった。

まずは腕の脱力。

腕が体にくっついてるだけというのをイメージし、まるででんでん太鼓のように体を左右に振って腕を振り回す。

そしてさらに足首の力も抜く。

体の先の力を抜く事によって、体の中心に意識がいく。

体の中心の筋肉は大きい筋肉が多いので、より大きなパワーが生まれる。

腕の力を抜き、足の力を抜き、そして腰と股関節の力を抜く。

完全な脱力が完成したとき、関節はあらぬ方向に曲がり、体全体がしなる。

僕の体は波を打つようにしなった。脱力の完成だ。

子供が僕をじっと見ていた。

脱力の様子をじっと見ていた。

この世のものではないものを見るような目でこちらを見ていた。

見ちゃいけないと分かっていながらも恐怖と好奇心で目が離せない。そんな様子だった。

そしてその子供の友達が「どうしたの？」と声をかけ、子供は「はっ」と我に返り「なんでもない」と言ってその場を去った。


あなたの近くにもくねくねがいるかもしれない。

そもそも平日の昼間にダンクの練習してる時点でちょっとした妖怪かもしれない。

2016/05/11（水）でもなんどもこれを繰り返しているのは間違いない

電車に乗っていたら、向かいに座っていたサラリーマンっぽい男性が爆睡していた。

しばらくすると、その男性が目を覚ましゆっくりと目を開けた。

男性は「はっ」とした表情をして、窓の外を確認し、腕時計を見た。

そして大きなため息をつきながら「またかよ」とつぶやいた。


この人は99％電車で寝過ごしてしまった人だろうと僕は思った。

しかし1％だけ、もしかしたらだが、本当に1％くらいの可能性として、この人はタイムリープしてきた人かもしれないと思った。

絶対に寝過ごした人に決まっているのだが、本当にわずかな可能性として、この人は何度も時間をやり直していて、ある一定の時間になると時間が巻き戻り、今のこの電車に乗っているところからやり直しているのではないのだろうか。

男性は下を見たまま固まっていた。

もしこの人がタイムリープしてきた人だとしたら、今はとんでもない絶望感を味わっているに違いない。

何度も何度も同じ時間を過ごし、なんとかしてこのループから抜け出そうとしたのに気づいたらまたこの電車に乗っているのだ。今の男性の様子を見ると、まさにその絶望を味わっているように思えた。

男性はゆっくりと立ち上がった。

そして携帯を取り出し、どこかに電話をかけるようだ。

男性の顔がどこか険しい。

その険しい表情には何かを諦めたような様子もあった。

いったいだれにかけるというのだ。

そして男性は携帯を両手で強く握りしめ、頭を何度も下げながら「すいません、あのー、前の会議が長引いてしまいましてお時間に間に合わないかもしれないのですがー、はいー、もうしわけありませんー」と言っていた。

99%の方だった。

2016/05/18(水) 鼻毛人間誕生

急に熱が出た。

突然なんの前触れもなく熱が出た。

風邪にしては熱以外の症状がない。まだ出ていないだけかもしれないが、僕が風邪をひくときはまず鼻水が止まらなくなり、その後喉が荒れて咳が止まらなくなり熱が出る。

しかし今回はいきなり熱が出た。おかしい。

そして僕は思った。

これは僕の身体がなにか変わろうとしているのではないだろうか？

前に金曜ロードSHOW!で見たスパイダーマンを思い出した。

主人公は蜘蛛に噛まれて高熱を出し、目がさめると身体はムキムキになって、手首から糸が出る蜘蛛人間になっていたのだ。

熱がおさまらない。

身体のＤＮＡが書き換えられていて、その負担で熱が出ているのか。

お腹がグルグルなりだした。

身体のＤＮＡが書き換えられいて、その負担でお腹がグルグルなりだしたのか。

お腹が痛くなり、僕はトイレに駆け込んだ。

そして30分ほど踏ん張り、腹痛はおさまった。

それから軽く休んだら熱がおさまった。

もうＤＮＡは書き換えられのか？

食あたりの可能性が強まってきたが、僕は一応鏡の前で裸になってみた。

ムキムキだった。

あと鼻から毛が出ていた。

本当にマッチョになってからすぐ風邪ひくようになった。

2016/05/26（木）臭かった

アポカリプティック・サウンド（終末音）。

世界の終わりを迎えるそのときに、7人の天使がラッパを吹く。それがアポカリプティック・サウンド。

そのアポカリプティック・サウンドがここ最近世界各地で確認されているらしい。

エコーがかかった金属音のような異音。

7回目のラッパが鳴ったとき、世界は最後の審判のときを迎える。


最近僕の家の風呂場からアポカリプティック・サウンドが鳴っている。

お風呂から上がり換気扇をつけるとアポカリプティック・サウンドが鳴りだすのだ。

世界を終わらせないために換気扇を使わないようにしていたら、風呂場がカビだらけになった。

僕はカビキラーを使って退治しようと思ったが、カビキラーを使う際に換気扇を回す必要がある。換気扇を回したらアポカリプティック・サウンドが鳴ってしまう。もう終わりだ。

とりあえずマンションの管理人に連絡したらアポカリプティック・サウンドを鳴らないようにしてくれた。

管理人は救世主だった。


あとこの前ジムでとんでもない重量を担いでスクワットしたとき、僕のケツからアポカリプティック・サウンドが鳴った。

早く世界が終わってほしいと思った。

2016/06/03（金）なんも言えない

家でずっとリセマラしていた。

リセマラとは携帯アプリのゲーム用語。

ゲームを始めてゲーム説明を終えると大抵どのゲームもガチャを1回くらい無料で引かせてくれる。

その無料ガチャで良いのが引けなかったらアプリを消して、またダウンロードし直し、ゲーム説明を終えて無料ガチャを引く。

良いのが出るまでそれを繰り返す。

それがまるでマラソンのように永遠に続く作業のためリセットマラソン、略してリセマラと呼ばれている。


かれこれ5時間くらいリセマラしていた。

別に大してやりこみたいゲームではない。思いつきではじめたリセマラ。

しかしぼーっとしながらやっていたら時間が経っていて、もう止めようと何度も思ったが、ここでやめたらこれまでの時間が無駄になってしまう。

たまに良いガチャを引けるが、これだけやったのならこの程度のガチャで終われない。

そしてしばらくやって、やっぱさっきのガチャでやめとけば良かったと思い始める。

さっきのガチャが出たらやめようと決めるが、今度はその程度のガチャすら引けない。


レア度は5段階あり、星5のキャラは激レアだ。

僕はもう次星5のキャラが来たら絶対それで止めると決めた。

そして引いた星5のキャラ。

調べると星5の中で最弱。強さランキングでは星4のキャラと同じ扱いを受けていた。

決断のときだ。

やめるか、続けるか。

僕は指が震えた。

そして僕はリセマラを続けた。

僕はこの世で一番の愚か者だ。リアル星1だ。

これはまさに僕の人生そのものなのだ。

欲にまみれ一生リセマラをし続ける。それが僕の罪なのだ。


ふと画面を見る。

半ば放心状態で無意識に操作していたガチャ。

画面を見て僕の瞳孔が開いた。

まさかのゲーム内で一番の激レア最強キャラを引いていた。

許された。

僕は許されたのだ。

興奮しながら僕はこのキャラの強さをネットで改めて調べた。

異常に強い。


しかしコメントに「こんなキャラ使って何が面白いの？弱いキャラで攻略していくからおもしろいんじゃん」と書かれていた。

悔しさで涙が出た。

リセマラしてるときが一番楽しい。RPGも序盤でレベル上げすぎてるときが一番楽しい。

2016/06/10（金）動物に会釈するのも初めて

公園を歩いていたら、カモ2羽が目の前を横切ろうとしていた。

僕はカモが通るのを待とうと思い立ち止まった。

そしたらカモも止まった。

僕とカモはどちらも立ち止まったまま動かなくなり、気まずくなって僕は軽く会釈してカモの前を通った。

まさかカモと道を譲り合うとは思わなかった。

2016/06/18（土）でも意外に座り心地は抜群だった

深夜、家の前でガス管の工事が行われていた。

窓を閉めればうるさすぎるって程ではなかったので気にせず座椅子に座りテレビを見ていた。

しばらく座りながらぼーっとテレビを見ていたら、なんだか無性にケツがかゆくなってきた。

座椅子に手を当ててみたら、めっちゃ振動していた。

外の工事の振動で座椅子がめっちゃ振動している。というかよく見たらテーブルとか全部振動している。

工事だから仕方ない。僕は我慢して座り続けた。

でもやっぱりケツがめっちゃかゆかった。

振動がこんなにケツをかゆくさせるとは思わなかった。

僕は正座した。

正座なら直接座椅子にケツが当たらないのでかゆくならないだろう。

足がしびれることになるがケツがかゆいよりマシだ。

僕は正座でしばらくテレビを見ていた。

しかしケツはかゆかった。

座椅子の振動がかかとを抜けて僕のケツに伝わってくるのだ。しかも足もしびれた。最悪だ。

何か振動を殺せるものをケツにしかなくては、と思い家の中を見渡した。

そして僕は炊飯器を座椅子の上に置き、その炊飯器の上に座った。

振動は来なくなり、ケツはかゆくなくなった。

ほっとしたら屁が出た。


これでご飯焚きたくないなと思った。

2016/06/27（月）さっきのマッチョマンです

埼玉の営業。

この日はハリセンボンと2組で野外ステージでの営業だった。

会場に着くと2時間前なのにステージの前には人が集まっていた。

2組で営業というとき、大抵の場合は売れているコンビと売れていないコンビという編成で営業に行くことが多い。

このとき売れてない方のコンビは本当に肩身がせまい。

会場内に「まもなくハリセンボンによるお笑いライブが行われます」というアナウンスが流れる。

「おいおいマヂカルラブリーもいるからー」とスピーカーにつっこんでみるが、アナウンス終わりのピンポンパンポンという音にかきけされた。

本番5分前。

会場には1000人以上のお客さんが集まった。

舞台袖のテントで出番を待っていると、前を通る人が必死にテントの中を覗こうとしてくる。

「ハリセンボンいた？」「いやなんか知らんやつが2人いた」という声がテント越しに聞こえてきた。

僕たちはすっかりやさぐれている。

今日からではなく、ずっと前からやさぐれだしている。

BGMが大きくなりスタッフさんが「それじゃあマヂカルラブリーさん出番です」とテントの入口を開けた。

僕たちは舞台上に勢いよく飛びだした。

そして第一声目。

「はいどーもハリセンボンです」

ややウケ。

「結構生で見ると男みたいな感じなんですけどね」

無反応。

「この後ハリセンボンのそっくり芸人が出てきますんで」

失笑。

「もしかしてハリヒャッポンですか?」

無視。


ちっちゃい声で「あざしたー」と言い袖に戻る。

ひと仕事終えた感じを出しながら水を飲む。

その後ハリセンボンが登場。

これまでの空気が嘘だったかのように会場が湧く。

帰り道、すれ違った子供に「うわっさっきのマッチョマンだ」と指をさされて言われた。

僕は「うっす」と言った。

2016/07/06(水) 汚くはない

『ハンター×ハンター』が再び休載に入った。

2年近く休載し、再開したと思ったら5週くらい描いてまた無期限の休載。

なぜこんなに休載するのか?

僕は気づいた。

これは休載ではなく、僕ら読者が続きを読む資格がないということなんじゃないだろうか?

まだたった数話しか描いていないが読むたびに新しい伏線に気づいたりキャラクターの見方が変わってきたりする。

つまり僕たちはたった数話ですらまだ100%読み込めていないのだ。

この休載は僕ら読者が冨樫先生においつくために設けら

れた時間なんじゃないだろうか?

そう、冨樫先生は待っているのだ。僕らが次の話を読む資格、つまり読者のハンターライセンスを手に入れることを。

僕はさらに読み込むため家の中にあるジャンプを探した。

しかし見つかったジャンプは先日「そろそろジャンプくらいなら素手で千切れるようになっているんじゃないか?」と思い試しに破ろうとしたが結局破れずぐちゃぐちゃになった状態だった。

汚いから捨てた。


そしてまた再開したときにはしゃぐんだろ?。

2016/07/15(金) 彼らを許そう

井の頭公園には小さな野外ステージみたいのがある。

使ってるのは見たことがないが、一応ちゃんとステージになっていてそのステージの前にはベンチもいくつかある。

普段使ってないときでも立ち入り禁止とかになっているわけではなく、ステージに上がろうと思えば誰でも上がれる。

上がれるからといってステージに上がっている人は見たことがなく、ステージの前のベンチにお年寄りが数人腰掛けている光景はよく見る。

この前、そのステージの前で男子中学生3人がなにやらはしゃぎながらじゃんけんをしていた。

そして勝敗が決まると勝ったであろう男子が負けた男子に「ほら、やれよ！　いけっいけっ」と迫っていた。

すると負けた男子がステージに上がり、ダブルピースで「いえーい」と言った。

そしてすぐにステージから降り、他の男子たちに「やっべーって。みんなめっちゃ見てるって。めっちゃはじー」とはしゃいだ。

おおまじか、と思った。

絵に描いたような男子中学生だ。

男子中学生たちはまたじゃんけんをはじめ、負けた男子がステージに上がり「安心してください。はいてますよ」と言って腰を指さした。

やり終えると慌ててステージから降り、「はいっつぎおまえー」と言った。

そして指名された男子はステージに上がり、めっちゃ小さい声で「斎藤さんだぞ」とつぶやくように言った。

言い終えるとすぐにステージから降り「もういいべ、もういいべ」と顔を真っ赤にして言った。

ステージの前には数人のおじいちゃんがベンチに腰掛けていてその男子中学生を真顔で見ている。

彼らを見ながら僕は思い出した。

僕が中学生2年生のとき、文化祭で「2年C組　光先生」という僕が金八先生の役をやる短編映画を体育館で流し、それを見ていた生徒全員が真顔だった光景を。

男子中学生たちは今度は2人がステージに上がり「ニーブラ」と言いながら片方の男子の首を掴んだ。

それをステージの下で見ていた残りの男子がゲラゲラ笑った。


この世で一番すべっている存在。

それは男子中学生なのかもしれない。


2016/07/24（日）その後慌てて部屋を出たのであった

部屋にゴキブリがあらわれた。3年ぶりくらいにあらわれた。

3年まえの僕はゴキブリを恐れていた。

しかし今はなにも感じない。

鍛えぬかれた僕の身体はゴキブリの外殻に匹敵し、洗練された僕の瞬発力はゴキブリの機敏な動きを彷彿とさせる。

もはや僕はゴキブリなのかもしれない。

ゴキブリのようなマッチョ。いいやゴキブリ自体がマッチョという広いジャンルの中の一つと考えるべきか。

どちらにせよとても他人とは思えない。

しかし部屋に住まわせるわけにはいかない。他人ではないが家族でもないのだ。

僕は壁に張り付いたゴキブリにそっと手を伸ばした。

ゴキブリは逃げない。いいや逃げれないと考えるべきか。

同じマッチョというジャンルとはいえ、その中でも僕の方がワンランク上だったようだ。

せめて苦しまないように一瞬で仕留めてあげよう。

僕は伸ばした手をそのまま押しだすようにノーモーションで突きを放った。音を置き去りにした。

壁にドンと拳が当たると同時に僕の拳を避けたゴキブリ

が僕の顔面に向かって飛んできた。

僕はひえええと言って尻もちをついた。

ひえええと言って尻もちをついたのだった。

ひえええと言って尻もちをついたんだー。

2016/08/01（月）どっちも珍しい

家の近くにハクビシンが現れた。

都内で出るのは珍しいのではないだろうか？　少なくとも僕は見るのは初めてだ。

一瞬猫かと思ったが、よく見ると違う。たぬきか？　と言われてもちょっと違う。猫とたぬきが混ざったような動物、それがハクビシン。

それが街中で2匹も現れている。

僕は興奮しながらすぐに携帯を取り出した。

逃げないうちに動画に収めておこうと思い、無駄のない動きで携帯を操作しビデオモードに切り替えた。

逃げるなよ逃げるなよと思いながらそっと近づきながら録画をスタートした。

すると僕の隣をカップルが携帯を操作しながら通り過ぎた。

そしてカップルの男性が「うわっゼニガメいる」と言った。

すると女性は「えっまじ？」と言って携帯にくぎ付けになった。

いやおまえたちの目の前にハクビシンいるから、と思った。

おそらく彼らの携帯には2匹のハクビシンとゼニガメが写っている状態だと思うが、カップルはハクビシンに全く気づかずひたすらゼニガメにモンスターボールを投げている。何投かはハクビシンに当たっているだろう。

そして男性は「うわっ逃げられた」と言いながら微動だにしないハクビシンの隣を通り過ぎていった。

街中にハクビシンとゼニガメが現れたら絶対ハクビシンの方が珍しいだろ、と思った。

いやどういう状況だよ、と思った。

2016/08/11（木）世界で一番ひどい床運動

家でオリ[redacted]ピックを見ながら、ふとお腹にガスが溜まっているのに気づいた。

だいぶ奥の方に溜まっているなーと思った。

でも大して気になるほど溜まっていなかったので無視していた。

しかし段々と無視できないレベルでガスが溜まりはじめ、これはなんとかして肛門から噴き出したいと思った。

僕は奥の方に溜まったガスを意識し、微妙な腹の感覚でガスをケツ側に移動させた。

いつもならスムーズに移動するのに今回は相当奥の方に溜まっているようだ。

これは意識だけでは難しいかもしれない。

僕は四つん這いになり、肛門を突き出した状態でまたお腹に溜まったガスを移動させようとした。

10分ほどその体勢で粘った結果お腹の中で「コポッ」という音が聞こえた。

きた。このチャンスを逃すわけにはいかない。

僕は四つん這いの体勢からさらにケツを上げていき、三点倒立をする時のような体勢になり、その状態でまた10分ほど粘った。

そしてついに「ぐるるるる」とガスが肛門近くに移動し、僕は全神経を肛門に集中させて「ぶふぉっ」とガスを噴射した。

今までで一番気持ちの良い屁だった。

ケツを天井に向けて突き出した状態のまま僕はテレビをふと見た。

体操男子が団体で金メダルをとっていた。

僕はいったいなにをしているんだろうと思った。


これはひどい。

2016/08/20（土）かわいそう、か

一人でシェーキーズ食べ放題してたら「マヂカルラブリーの野田さんですよね？ 娘がファンなので握手してあげてくれませんか？」と声をかけられた。

高校生くらいの娘さんがお母さんの後ろに隠れながら「やめなよ、かわいそうだよ」と言った。

その後ピザが1枚も喉を通らなかった。

2016/08/28（日）誰も悪くない

電車の座席に座っていたら、目の前におじいちゃんが立っていた。

すぐに声をかければよかったが、車内が異常に静かだったためなんか緊張して声をかけられなかった。

なので僕は声をかけるのを諦めて、何も言わずこの席をどこうと思い立ち上がった。

そしたら同時に隣に座っていた若い女性が「あっどうぞ座ってください」とおじいちゃんに声をかけ、おじいちゃんは「ありがとう」と言って女性が座っていた場所に座った。

立ち上がった僕はそのまま座るわけにもいかず、とりあえずドア付近に移動した。

チラッと横目で僕が座っていた座席を見るとまだ誰も座っていなかった。

お年寄りに席をゆずった女性は空いた座席の前でつり革につかまりながら立っている。

おそらく今の僕の状況を察していて座っていいものかどうか迷っているのだろう。

僕も戻っていいものかどうか迷っている。


しかし目的地まであと20分くらいあったため、ここは座っておきたい。

僕はドアの上に貼ってある路線図を見て何かを確認するふりをした。

これによって僕が席を立ったのは路線図を確認するためだったという感じにできる。

僕は路線図を見ながら何かを納得した演技をし、よしじゃあ席に戻るかと思い座っていた座席の方を振り返った。

そしたら女性が普通に座っていた。

振り返った勢いを止めることはできず、しかしどこも席は空いていないため今度はそのまま反対側のドアに移動した。

そこには路線図は貼っておらず、代わりに英会話教室の広告が貼ってあった。

僕は目的地までそれをずっと眺めていた。

2016/09/07(水) 強い

深夜の公園。

ベンチにカップルが座っている。

彼女の方がどうやら泣いているようだ。

喧嘩をしているような雰囲気ではなく彼氏がそっと彼女の肩を抱き寄せ彼女はその肩に額を当てて静かに泣いている。

なぜ彼女が泣いているのかは2人だけにしかわからない。

2人だけの時間。

2人だけの空間。

まるで2人の空間だけ時間が止まっているかのようだ。

そんなカップルの横で全力でジャンプしている僕。

ダンクがしたい。ただそれだけの理由でひたすらジャンプする僕。

カップルは相当帰ってほしいと思っているだろう。でも帰らない。僕はダンクがしたいのだ。

続いて僕はバッグからトレーニング用のゴムチューブを取り出し、自分の腰にゴムチューブを巻きつけ、それを木にくくりつけ、ゴムチューブの反動に逆らいながらジャンプをするトレーニングを始めた。

とんでもない迫力でジャンプする僕。

無言で抱き合うカップル。

僕が彼氏だったらブチ切れてるだろう。

でも僕はトレーニングをやめない。

不屈の精神で僕はトレーニングを続けた。


そして1時間後。

僕はトレーニングを終え、公園を去った。

チラッと振り返ると、カップルはずっと抱きあっていた。

向こうも不屈の精神の持ち主だった。

2016/09/17(土) 名前を言っても思い出してもらえなかった

「君の名は。」を見た。

僕もこんな甘酸っぱい恋愛をしたことがあっただろうか。

「君の名は。」に限らず、高校を舞台にした映画やアニメを見るとあの頃に戻って甘酸っぱい恋愛をしたくなる。

そしてふと自分の高校時代を思い出した。


僕の高校はゴリゴリのギャル校で、本当にギャルしかいなかった。

ギャル達はよく教室の床であぐらをかきながら、最近やりまくってるだの なんだのを大声で話していた。

この時点で甘酸っぱい恋愛なんて始まりそうにないが、そんなギャルの中でも1人浮いてるギャルがいた。

見た目は確実にギャルなのだが、なんというか周りのギャル達と一線を引いてるようなギャル。

友達といるときは騒がしいが、そうでないときはもの寂しげな表情をしている。

たぶん本当は大人しい子なのではないだろうか？　そう思わせるギャル。

そんなギャルがある日、いつものように教室の床であぐらをかきながら友達と喋っていると、急に僕に向かって「野田くんってかっこよくねー？　付き合ってよー」と笑いながら言った。

僕は「なにいってんだよー」みたいな返しをしたと思うが、頭は真っ白になっていた。

完全に童貞だった僕はそんな言葉を言われただけでその子のことを好きになりかけていた。

そしてある日、横浜駅で買い物をしていたらたまたまそのギャルをみかけた。

声をかけようかと思ったら、その子の隣にゴリゴリにタトゥーが入って唇にピアノがつきまくってるやばい奴がいた。そのやばい奴がその子の片乳をもんで、ギャルは「ちょーやめろよー」みたいなやりとりをし、そしてときおり真顔になり濃厚なキスをしていた。

僕は見なかったことにしてその場を去った。

数年後、同窓会でそのギャルと会った時、声をかけたら「え？　だれ君？」と言われた。

ここだけ「君の名は。」に似ていた。

本当に似てない。

2016/09/28（水）そんなはなし

たまに後輩に「そんなマッチョなら筋肉芸人で仕事もらえるんじゃないですか？」と聞かれる。

僕は「いやなんもないよ」と答えると「えぇー。筋肉の仕事たくさんあるのかと思いましたよ。もっと筋肉アピールした方が筋肉の仕事はいりますよー」と言われた。

筋肉の仕事ってなんだよって思った。

それただの労働だろって思った。


2016/10/06（木）もしくは999点

キングオブコントが放送される1週間くらい前。

ライスが楽屋で「今年は9という数字にすごい縁がある」と語っていた。

なんでも予選の日にちがどちらも9日で出番も9番目。

キングオブコントは今回で第9回目でそんなライスは東京吉本の9期生なのだ。

ライスは「だから今年は優勝できる。1位とれる」と熱く語っていた。

そしてライスは見事に優勝した。

僕は心からライスを祝福するとともに「9位」というオチを少し期待したことを反省した。


僕たちはエントリーNo.777でM―1に挑み最下位というオチがまっていた。

2016/10/16（日）終わった後も遠いところでこちらを見ていた

夜中、ジャンプのトレーニングをしようと公園に行ったら、自転車に乗ったおじさんが警官に職務質問されていた。

ちょうどそこは僕がいつもトレーニングをしている場所だった。

しかし職務質問をしている隣で急にジャンプしたら、警官が僕に職務質問してくる可能性がある。

だから僕は違う場所でトレーニングしようと思い、その場から離れたところに移った。

その離れた場所でしばらくウォーミングアップをしていると、急に強い光に照らされた。

なんだ、と思い光の方を見てみると、警官が僕にライトを当てていた。

そして警官が「あのーすいません」と声をかけてきた。若い警官だ。

僕は「え？　あっはい」と返事をすると警官は「ここでなにされてるのかなーと思いまして」と聞いてきた。

「え？　トレーニングですけど」と答えると、「あっそうなんですか。さっき僕の方を見て逃げるように離れていったので、どうしたのかなーと思って声かけたんですけども」と警官は言った。

走るとか縄跳びとかなら誰が見てもトレーニングだが、僕の場合は全力でひたすらジャンプするという見方によってはやばい奴に見えるトレーニングなため、それを警官の隣で急にしだしたら職務質問されてややこしいことになりそうだからその場を離れた、というのがことの経緯だが説明するのがめんどくさくて、僕は手短に「職務質問されると思って逃げました」と言った。

そしたら警官の目つきが変わり、死ぬほど質問された。


2016/10/27（木）そしてなんのだろう

ジムで筋トレしてたら知らないおじさんが僕に「わたしはこのジムに入ってすぐに、あなたがこのジムでナンバーワンだと気づきました」と言って去って行った。

誰だったんだろうと思った。


そしてすぐにやめていった。

2016/11/10（木） 中野twlは舞台土足厳禁という奇跡の劇場

Ｍ―１に出ると昔懐かしい芸人によく会う。

まず３回戦で出会ったのはモダンタイムス。僕の師匠だ。

師匠は前にＭ―１の３回戦に出場したとき、気の狂ったやつがナイフで刺すというのをひたすら繰り返す漫才をやって客席から悲鳴が上がり失格レベルで落とされていた。

そして今年。舞台裏のモニターで見た師匠の漫才はこれまでで一番漫才をしていた。

でも結果はおもいっきし３回戦で敗退していた。

前の気狂い状態を見ていたからまともに見えたが、やはりそれでも普通になんか変だったのが敗因だろう。

そして準々決勝ではアルコ＆ピースさんと会った。もうすっかりＭ―１くらいでしか会うことはなくなった。

平子さんは以前会ったときはなんて身体の大きい人なんだ、と思ったが今はとても小さく見える。ガリヒョロ野郎だ。身体の鍛え方を今度教えてあげようと思った。

あと僕と一緒のオーディションで吉本に入った僕の数少ない同期、だいなおのなおがいた。

準々決勝見学に来たのかな？　偉いなー、今どうしてるのかな？　と思って見ていたらペンギンズというコンビで出場して普通に爆笑をとっていた。やっぱり未だに芸人を続けている人は変態だなと思った。

僕を含め、みんな中野ｔｗｌで糞すべってチケットノルマを払って帰っていた芸人たちだ。

あの頃に比べたらみんなすごく立派になったのだ。

なぜなら久しぶりに会っても当時の話を誰もしないから

だ。もう忘れたい過去なのだ。

そういえば前に久しぶりにゴー☆ジャスさんに会ったとき、ゴー☆ジャスさんは僕を見た瞬間苦笑いをしていた。

この人が一番中野twlで糞すべっていたから、一番過去を消したいんだろうなと思った。

みんな立派になっているのだ。

僕もM―1で結果を残して、中野twlでピンで糞すべったあげく、オチ台詞を言っても舞台が暗転せず、照明さんに「暗転してくださーい」と叫んだあのあたりの歴史を消し去ろうと思った。

2016/11/20(日) 感謝

M―1グランプリ準決勝。

今年もしっかりと敗退した。

逆にもう受かるとびっくりして死ぬんじゃないかと思う。

死なせないために毎年落としているのかもしれない。

さすがに僕は死にたくない。

落ちることによって僕は生きることができている。

審査員ありがとう。

> 死なないよ。死ぬような目には遭うけど。

2016/12/02(金) 感謝2

30歳の誕生日。

僕は久しぶりに実家に帰った。

なんでも兄に子供が生まれたから見に来いとのことだ。

実家に着くと、まだ夕方だが父はすでにベロンベロンに酔っ払っていた。

親にとっては念願の初孫なのでごきげんのようだ。

父は浮かれて僕たちの子供の頃のビデオを流し始めた。

すると兄が僕に「おまえう[redacted]こ見た後飯食えるか？」と聞いてきた。

僕は「え？　食えないけど」と言うと兄は「俺はもう食える」と言った。

兄は「子供生まれると子供のう[redacted]こに慣れすぎて、もう飯食ってう[redacted]こ見て飯食える」と言った。

僕は「そうなんだ」と言った。

するとそれを聞いていた母が「わたしだって食える」と言った。

母は「わたしも介護で働き始めてから、おじいちゃんのう[redacted]こ見ながら飯食える」と言った。

う[redacted]こ見ながら飯食えるの話題でもちきりとなり、チラッと父を見たら誰も見ていないのに気づきビデオをぬるっと消していた。


飯も食い終わり、デザートにロールケーキが出てきた。

ここまでう[redacted]こ見ながら飯食えるの話題に押され気味で僕の誕生日の話題は一切出てきてないが、このロールケーキはお祝いのケーキだろうか？

ロールケーキというのが絶妙なラインで判断ができない。

その後僕が何歳になったかと聞かれ、今日で30と答えると、あーそうだ今日誕生日じゃないか、という流れになり、母は「ほらお祝いのロールケーキよ」と言った。無理あるだろと思った。

最後に子供を抱かせてくれた。

兄の奥さんは「持ち方に安定感がある」と言った。

2本の太い腕に抱かれた子供は「この大地が崩れること

はない」と安心し眠った。

この日のために筋トレしていたのかと気づいた。


ベンチプレスありがとう。

2016/12/10（土）これこそ宇宙

これまでいろんな衝撃的なネタを見てきた。

一番最初に衝撃を受けたのはモダンタイムスのポップジャムという漫才。

ポップと書かれたセーターを着たアフロの男とジャムと書かれたセーターを着たおかっぱの男の漫才で、ポップの方はひと言も喋らず、ジャムの方は口ベタな感じでたくさん喋る。

ジャムが喋っているとポップの方はゆっくりとその場で回り出し、ジャムは「止まれい」と注意をする。するとポップはびくっとなり正面を向く。そしてジャムがまた喋り出すとポップがゆっくりとその場で回り出す、という漫才。

あれは衝撃だった。


続いて夙川アトムさんのG漫談。

漫談をしようとするがマイク付近の重力が凄すぎて立ってられない、というネタ。

かろうじてマイクにつかまり立ち上がろうとするが、最後まで重力が凄すぎて漫談がちゃんと聞けないというネタ。衝撃だった。


あとゴー☆ジャスさんのバットマンのネタ。

バットマンの格好したゴー☆ジャスさんが「肉まん、あんまん、バットマン」と言うネタ。

まずなぜバットマンの格好してるのかわからないし、ボケも死ぬほど弱い。なにか後半に残してるのかと思ったらそのまま終わる。衝撃だった。

地下の地下にはいろんな芸人がいる。

僕らもたまにこんなの漫才じゃない、と言われるタイプではあるが、地下の芸人に比べたら所詮は漫才。本当の「こんなの漫才じゃない」という漫才にはとても及ばない。

僕はいろんな漫才が見たい。

完成度を無視した、ただやりたいことがあるというのだけ伝わってくるネタが僕はみたい。

> 永野さんの「餅を喉に詰まらせた森進一」も追加で。

2016/12/23(金) お冷入れるとき毎回めっちゃこぼれてる

コーヒーにこだわりがありそうな喫茶店に行ってきた。

店に入ると鼻の下にヒゲを生やした、まさに喫茶店の主人といった人が無愛想に「カウンターどうぞ」と言った。

僕がカウンターに座ると主人はお冷を出してくれた。

そして壁一面に貼られた全く知らないコーヒーの名前が書かれた紙を見て僕は注文に手間取っていた。

全部におすすめと書かれている。

主人は「うちはね、よそだと1.5倍から2倍の値段はするコーヒーをこの値段で出してるからね」と言った。

僕は「すいません、おすすめみたいのありますか?」と聞くと主人は「好み言って」と言った。

いや好みって言ってもコーヒーは苦いか苦くないかくらいしかわからない。

しかしそういえばたまに酸っぱいコーヒーがあるがあれは苦手だなと思い「あっ酸っぱくない奴がいいです」と言うと主人は「もっと言って」と言った。

いやもっとって言われてもなーと悩んでいると主人は「苦いか苦くないかとか言って」と言った。いやそれでいいのかよと思った。

僕は「あんま苦くないやつがいいです」と言った。

すると主人はフルーティーなんちゃらみたいな名前のコーヒーをすすめてくれて僕はそれにした。

主人は慣れた手つきでまずカップをお湯につけた。カップを温めておくのか。

そしてコーヒー豆を挽きはじめた。すごい本格的だ。

挽き終わると先ほど温めていたカップを取り出した。

挽いたコーヒー豆にお湯を丁寧に注ぎ、「はいお待たせ」とコーヒーが出来上がった。

僕はまず匂いを嗅いだ。

ふむ、なるほど。

そしてコーヒーを一口すする。

なるほどなるほど。

主人は「違うでしょう？」と言った。

僕は「はい」と言った。

主人は「これいくとこいったら1．5倍から2倍の値段とられるからね。うちはそれをこの値段で出してるから」とさっきとまんま同じことを言った。

僕は「これ800円だから他だと1600円くらいするんですか？」と聞くと主人は「いやもっとするだろうねぇ」と言った。2倍じゃなかった。

僕はコーヒーを飲み終え「ご馳走様でした」と言ってお会計を済ませた。

僕が出る準備をしている時にお客さんが入ってきて、主人はお冷を出すと「うちはね、よそだと1．5倍から2倍の値段はするコーヒーをこの値段で出してるからね」と言っていた。


こだわりの喫茶店。

たまには悪くない。

2016/12/31（土）まさに今日は

よいお年を状態。

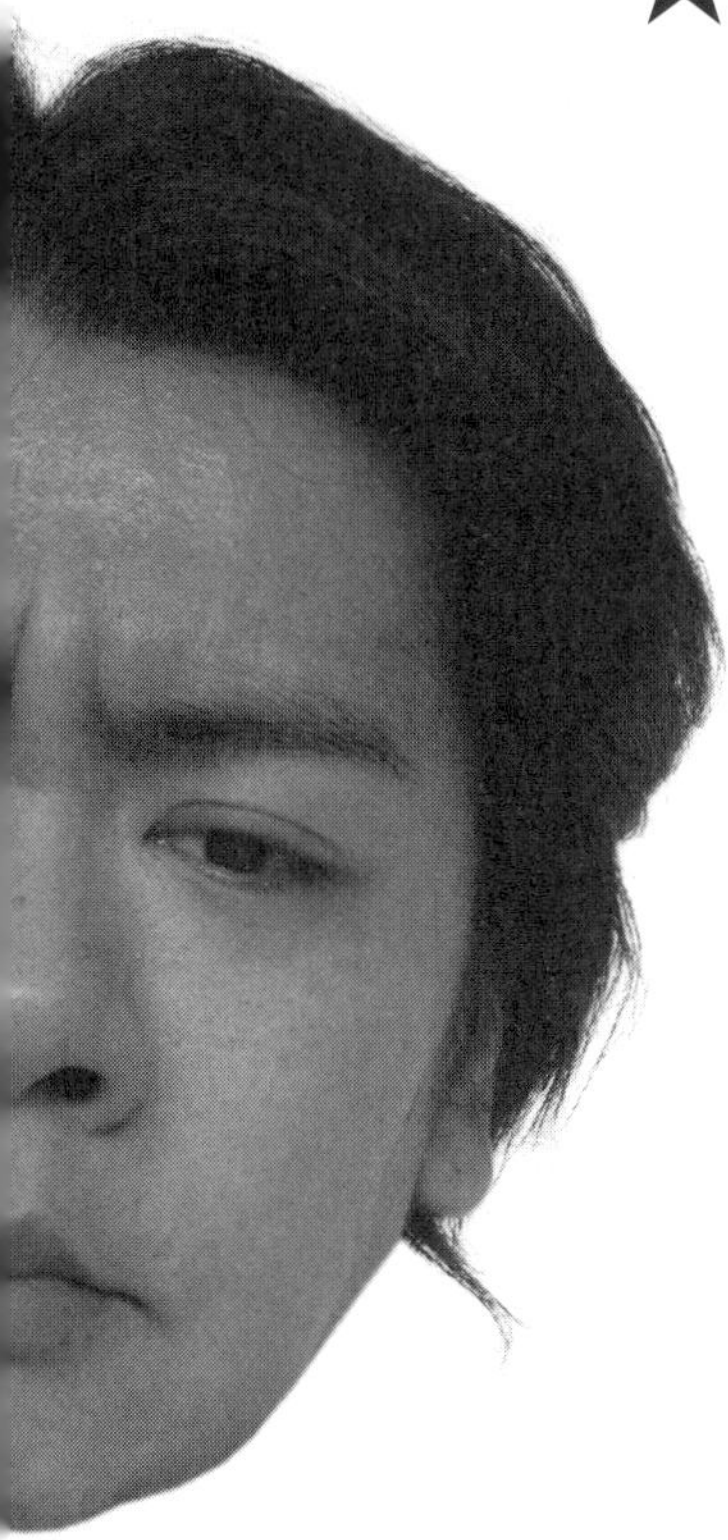

NODA'S DIARY 2017

2017年

2017/01/08（日） 誰かしらの動画に後ろで全力でジャンプしている男がいたらそれは僕

公園でジャンプのトレーニングをしていたら、近くでユーチューバーみたいな人達が動画の撮影を始めた。

深夜にものすごい大声で「いいよいいよ！　めっちゃいい動画撮れてるよ！」と盛り上がっていて、うわー早くどっか行かないかなと思っていた。

次第にユーチューバーはヒートアップして公園の川に入っていって大げさに「つめてーつめてー」みたいなリアクションをし、動画を撮ってる人は大爆笑していた。

僕は去るのを待っていてもラチがあかないと思いジャンプトレーニングを始めた。

そしたらユーチューバーたちは急に静まりひそひそと話し始めた。

そしてなぜかその中の1人がこっちへ近づいてきた。

なんだなんだ、と心臓がバクバクなったがその人は僕を横目でチラ見してすぐに仲間のもとに帰っていった。

なんだったんだろう、と思ってたら戻ったユーチューバーは仲間達に小さい声で「むりむりむり、だってめっちゃマッチョだもん」と言っていた。

何を言うつもりだったかわからないがマッチョでよかった。

> マッチョでおわらせがち。

2017/01/25（水）そして房野さんは女の子とテーブル席では隣同士で座ることが判明した

ライブの出番前にモスバーガーでザ・ギースの尾関さんとブロードキャスト!!の房野さんと僕でお茶をしていた。

途中でザ・ギースの尾関さんがネタ合わせするんで、と言って先に店を出た。

テーブル席で尾関さんの向かいに僕が座っていて、僕の隣に房野さんが座っていたが尾関さんが抜けたことにより房野さんと僕はテーブル席で隣同士で座っていた。

僕が向かいの席に移動すればいいのだがぼーっとしていてそのことに気づかず、しばらく隣同士で座っていた。

すると房野さんが痺れを切らして「いやカップルか！」と言った。

ぼーっとしていた僕は聞いておらずなんて言ったのかわからなかったのでとりあえず「あっ、はい」と言った。

そしたら房野さんはうろたえながら「え？　あっカップルかい」と言っていた。

その後なんだか気まずい空気が流れた。

2017/02/20（月）まぁあんま間違っちゃいない

僕が週に5日くらい通ってるジムにカメラがやってきた。

とある番組で筋トレしてるところを撮らせてくれと頼まれ、僕がいってるジムに番組スタッフがカメラを持ってやってきたのだ。

ちなみにジムのインストラクターやジムに通ってる人たちには僕が芸人だなんて言ってない。

そもそもほとんどジムで誰かと喋ったことがない。

ただ間違いなくみんな僕のことを知っていると思う。

そのくらい来てるし、そのくらい変な筋トレをしている。

多分変なあだ名とかついてると思う。

変な緊張感の中僕と番組スタッフがジムの中に入ると、インストラクターや筋トレをしてた人達は一斉にこちらを見た。

そりゃそうだ。いつも変な筋トレしてる奴がなぜかカメラに撮られながらやってきたのだ。

僕はなるべく目立たないように筋トレをしたが、カメラの存在はどうしても目立った。

周りからは絶対にプロアスリートかなんかだと思われてるに違いない。

プロアスリートの密着番組を今撮影してると思われてるはずだ。

それはそれで悪い気はしないので、僕は全力で筋トレを続けカメラの前で筋トレを語った。

そして撮影が終わり、番組スタッフは先にジムを離れたので僕はそのままジムに残って筋トレを続けた。

すると普段話しかけてこないジム仲間のおじさんが珍しく話しかけてきた。

おじさんの第一声は「ユーチューブ?」だった。

どうやら僕はプロアスリートではなく筋肉ユーチューバーだと周りに思われたらしい。

2017/03/12(日) 名前しかわからないはず

ショッピングモールの営業に行った。

その日は子供がたくさんいたので村上が一番前にいた子供に「好きなアニメなに?」と聞いた。

すると子供は「クレヨンしんちゃん」と答えた。

そしたら村上が「野田君はクレヨンしんちゃんのモノマネが得意なんだよー」と無茶振りしだした。

僕もなぜか「クレヨンしんちゃんに出てくるキャラクター全部できるよ」と言ってしまい、そしたら村上が「じゃあ今から野田君がクレヨンしんちゃんに出てくるキャラクターのモノマネをするから、どのキャラのモノマネをしてるか当ててみてね」と子供に言った。

追い込まれた僕は変な顔でダブルピースしながら「みさえでーす」と言い続けるというボケをした。

失笑の中、村上は子供に「誰のモノマネかわかった？」と聞いた。

そしたら子供は「名前が出てこない」と言った。

子供には敵わないと思った。


すべらない話のオーディションでこの話をしたら、「みさえでーす」のところがオチだと思われて変な感じになった。

2017/04/20(木) 座るための技

電車で座席に座ってたら知らないおじさんが大慌てで僕に「代わって代わって！」と言ってきた。

僕はただごとではないと思い急いでおじさんに席を譲った。

そしておじさんは席に座り、真顔でじっと座り続け、次の駅で普通に降りた。

なんだったんだろうと思った。

2017/06/06(火) シャンプーと洗顔料買ってくれた

川越の薬局の店先でダヴの宣伝をするという仕事をした。

僕らの他に後輩のdボタンもいて僕らとは別の薬局で宣伝していた。

dボタンが店先に出るとあっと言う間に人だかりができ、若い子は「三ちゃんだ三ちゃんだ」とスマホのカメラを向けた。

そして僕らも時間になり別の薬局で店先に立った。

するとと通りを誰も歩かなくなった。

人だかりができない、とかいうレベルじゃなく薬局のある通りから人が消えた。

逆に凄い能力だと思った。

かろうじてたまに通るおばあちゃんに「あっダヴどうですか？」と声をかけたら正面を向いたままそんなに早く歩けたんかいというくらいのスピードで去っていった。

途中から僕らは「お願いします！　助けてください！」と言っていた。

ダヴの宣伝とかじゃなく助けてください、と言っていた。

するとおじいちゃんが僕たちに近づいてきた。

僕たちはおじいちゃんに「あっダヴ買いませんか？」と声をかけた。

そしたらおじいちゃんはそっと僕らに１０００円を渡して去っていった。

僕らは慌てて「あっダヴ買ってください」と呼び止めた。

本当に助けてほしいタイプの人達だと思われた。

2017/07/21（金）そもそも誰一人気づかない

アメトーーク！が放送された次の日の営業。

僕はマスクをして営業へ向かった。

やはり日曜の良い時間にテレビに出たので顔バレしないようにマスクは必須だ。

猛暑の中、マスクの暑さでゲボを吐きそうになったが顔バレしないためにも仕方がない。

そして顔面汗でびしょ濡れになりながら営業先に着くと僕よりも早く同じ出番の横澤夏子がいた。

横澤夏子と楽屋で話していて、営業で現地集合の時は電車移動だから写真撮られたりして大変だという話をした。

それを聞いた僕は「マスクとか帽子かぶってバレないようにしたら？」と言うと夏子は「芸能人ぶってるみたいで

ちょっと恥ずかしいじゃないですか」と言った。

僕は「そうだよねー」と言いながら目の前にあった汗でびしょ濡れになったマスクをバレないように捨てた。

2017/10/13（金） ももが好き

階段の真ん中で体調悪そうにうずくまってる女性がいた。

以前ネットで「自分が急に気持ち悪くなってうずくまってたら水と袋をそっと置いて去っていく男の人がいてマジイケメンと思った」みたいな話を見たのを思い出し、マジイケメンになるには今しかないと思い僕は近くのコンビニに行ってペットボトルの水を買った。

そしてそれをレジ袋に入れてもらい、それを持って女性がうずくまってる場所まで戻った。

あとはこれをそっと置くだけ。

ただその瞬間が狭ってくると緊張してきた。

もしかしたら水を置いて去ろうとしたら女性が「あ、落ちましたよ」と言ってくるかもしれない。

なにが起こるかわからない。

心臓をバクバクさせながら僕は女性に近づいた。

そして女性の隣まで来て、さあ水を置くぞというとき、女性は急に立ち上がりスタスタと階段降りていった。

原因はわからないが、たぶん恐かったのだろう。

僕もロン毛マッチョが急に真横まで近づいてきたら恐いと思う。

僕は買ったペットボトルの蓋を開け一口飲んだ。

よく見たらい・ろ・は・すのみかん味だった。


い・ろ・は・すのももってすごいおいしい。

2017/12/03（日） また僕らかもしれないが

あの日のことをちゃんと振り返ってみようと思う。

まずお昼ごろにテレビ朝日に着いた。

テレビ朝日の前では既に敗者復活戦が行われていていてとても盛り上がっていた。

僕はその横を通り過ぎながら「みんな、待ってるぞ」と心の中でエールを送った。

控え室に入るとすでに何組かの決勝メンバーが楽屋に入っていてなんともいえない空気感がただよっていた。

控え室には大量のお弁当や大量のファミチキが置かれていた。

僕は誰よりも早くお弁当に手を付けさらにファミチキも3個食べた。

これは僕の「全然食べれますよ」アピールだ。

僕は周りの出演者に「こいつM－1決勝前なのにまるでテレビの前説で来たみたいなノリで弁当食うじゃねーか」と思わせたのだ。

全く喉を通らず水で流し込みながら弁当を食っていたら、横でゆにばーすのはらちゃんがナチュラルにお弁当とファミチキをむしゃむしゃ食っていた。化物かと思った。

その後リハーサルで漫才のマイクの高さなどを確かめた。

さらに僕は床を足でトントン蹴ってみた。普段全く気にしないが床の響き具合をテストしてみた。「大丈夫か」とつぶやいた。本当はよくわからなかった。

そして本番が近づく。

前説のくまだまさしさんが控え室に顔を出し「みなさん、ちょっとお客さん起こしてきますよ」と言ってスタジオへ向かった。めちゃくちゃかっこよかった。

さらに上戸彩さんなどの豪華芸能人が挨拶に訪れ、いよいよ緊張感がＭＡＸに近づいてきた。

なにをするべきかわからずとりあえずみんなウロチョロする。

ネタ合わせをしてみたりする。

本当はする必要なんて全くない。みんな死ぬほどやってきたネタをやるだけだ。

そしてスタッフが「それでは皆さんスタジオにお入りください」と言った。

ディレクター達に見送られながら全員でスタジオに入る。

すると客席がとんでもなく盛り上がっていた。くまださんがお客さんを起こしたのだ。ちょっとどころじゃない。起こさせすぎなくらい起こしていた。

そして全員が待機ルームに入る。

隣でゆにばーすの川瀬がずっとえずいている。

表情が定まらない。本当に真剣な場所は真剣の在り方がわからない。真剣な表情などする余裕がない。

カイジの鉄骨渡りを思い出した。鉄骨渡りの前にみんなで無理やり声を出して気持ちを昂らせる。

でもいざ鉄骨を渡りだしたらみんな一人なのだ。


これは鉄骨渡りだ。

そして本番が始まった。

かっこよすぎるVTR。気持ちが昂る。川瀬がえずく。

審査員の方の入場。川瀬がえずく。

MCのルール説明。川瀬がえずく。

そしていよいよ1発目のクジがひかれた。

トップバッター。ゆにばーす。

川瀬のえずきがガチえずきに変わった。

しかしガチえずきの後は表情が定まっていた。

ゆにばーすのときはトップバッターということもあって全員でモニターを見ていた。

そしてゆにばーすは完璧なトップバッターをこなした。

そこからM－1は史上最高とも言える接戦を繰り広げ、いよいよ僕たちの出番。

出順は最高。村上に最初のせり上がりの登場でボケることを伝え「いいんじゃない」と村上は答えた。

そしてせり上がる僕ら。スーパー面白ポーズで登場。

それ以降の記憶はない。

思い出そうとしても脳が何重にもブロックをかけているようだ。


その後いろんな先輩に慰めてもらった。

レイザーラモンHGさんだけ「身体が仕上がってなかったな」というダメ出しをした。


それ以降なんだか仕事が増えたりと、自分の想像しうるところに成功はないのだとつくづく思い知った。

2018年のM―1グランプリはどうなるかわからないがまた頑張って決勝に行きたい。

決勝に行きさえすれば何かあるのだ。

とりあえず2018年のエントリーNo.777になったコンビには大変申し訳ないことをした、とあらかじめ謝っておく。

2017/12/27(水)そこからだんだん水野さんのことが気になりだした

NHKラジオに出演することになりNHKに入った。

あんまり来たことがないので控え室が見つからずウロチョロしてたらNHKのスタッフさんに「○○さんですか?」と声をかけられた。
○○の部分がちゃんと聞こえてなかったがとりあえず僕は「あっそうですよろしくお願いします」と頭を下げた。
そしてスタッフさんが「じゃあこちらです」と僕を案内してくれた。

控え室っぽい部屋を素通りしスタッフさんは「じゃあこちらに入ってヅラお願いします」と言った。

中を見るとそこはメイク室だった。

ラジオなのにメイクするんだなーもしかしたら配信とかがネットであるのかなと思いメイク室の椅子に座った。

するとメイクさんが手ぐしで僕の髪を後ろに持っていき、そのままハゲのヅラを僕の頭にかぶせた。

番組のノリでラジオなのにヅラかぶるみたいのがあるんだなと思い、とりあえず触れとくかと思って「ラジオなのにヅラかぶるんですね」と言った。

するとメイクさんが「え？　ラジオ？　え？」みたいになりさっき案内してくれたスタッフさんを呼んだ。

そしてスタッフさんが僕に「あの、水野さんですよね？」と言った。僕は「いや違いますけど」と言ったら慌てて僕のヅラを外し「すいません間違えました」と言った。

僕も適当に返事してしまったので「いやこちらこそすいません」と謝ってメイク室を出た。

そしてさっき素通りしたところに「マヂカルラブリー」と書かれた控え室を見つけ中に入った。

中に入ってコーヒー飲んで、しばらく落ち着いてからふと「今俺ハゲヅラかぶったよな」と思った。

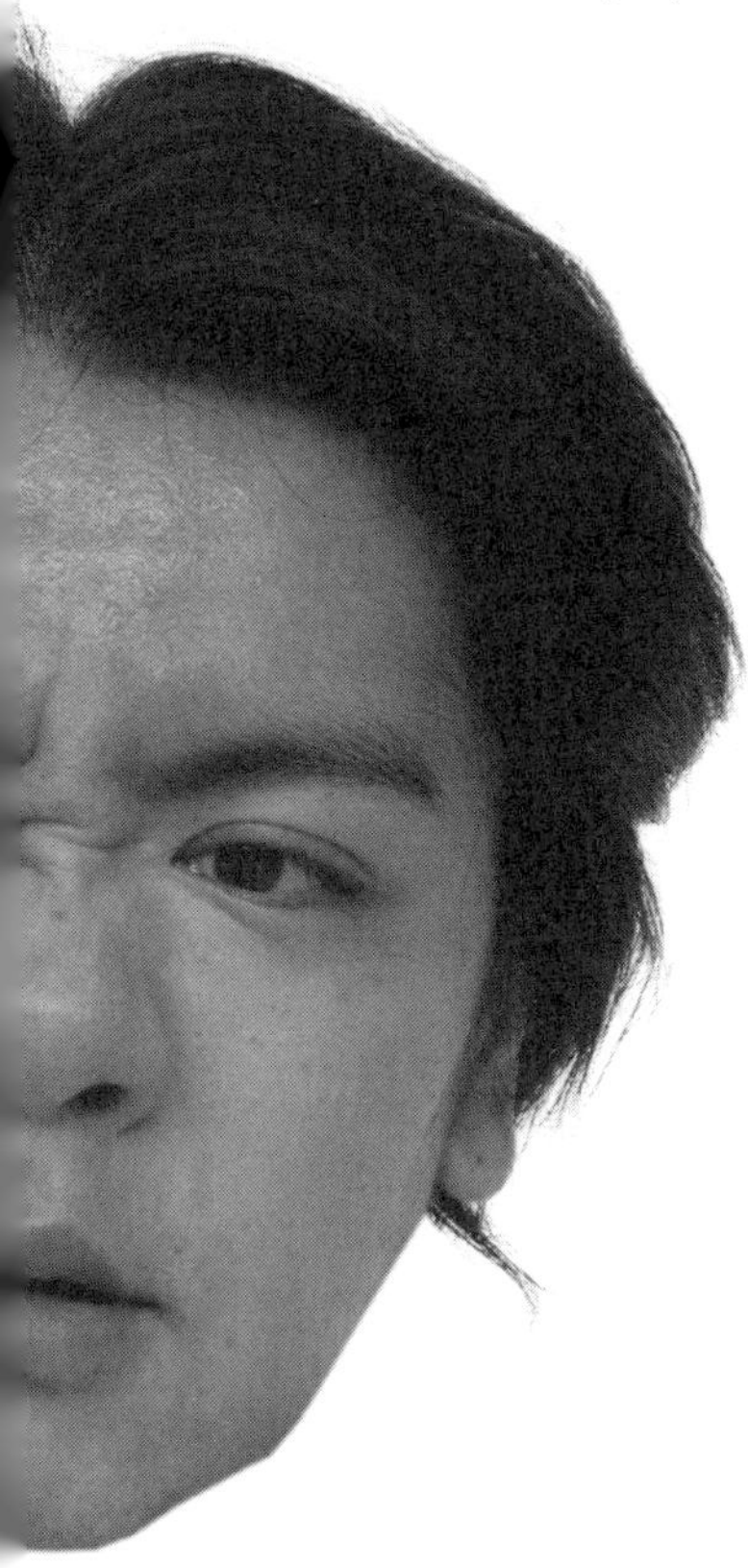

NODA'S DIARY

2018

2018年

2018/04/07（土）S字のポーズで

一人で焼肉食べ放題に行った。

店員さんに案内してもらって席に着き、システムの説明を受けてから食べ放題が始まり僕は肉を取りに行った。

皿に山盛りに肉をよそって一旦テーブルに置き、その後ドリンクとご飯をよそってテーブルについた。

さっそく肉を焼いていった。

肉が焼ける間ご飯をつまんでいたら、知らないおじさんが僕のテーブルの前で立ちすくんでいた。

僕は、誰だろう？　もしかしてファンの人かなと思い身構えた。

そしたらおじさんは「すいません、そこ俺の席なんですが」と言った。

は？　と思って呆然としていたらおじさんは「そこに私の鞄ありますし」と言って僕の向かいの席を指差した。

するとそこには知らない鞄があった。

そして僕は周りを見渡すと、隣のテーブルに見覚えのある肉が乗った皿を見つけた。

このおじさんと僕は好きな肉のタイプがそっくりだった。

皿に盛られた肉になんの違和感も感じないくらいタイプが同じだった。

僕は慌てて「すいません」と言って小皿に今焼いてた肉を戻して自分のテーブルに戻った。

本来なら相当キレてもいいくらいのことを僕はした。

しかしおじさんは最後まで丁寧に僕に接してくれた。

なぜだろう？　と思いふと自分の身体を見た。

僕はマッチョだった。

マッチョが一人で焼肉食べ放題来てたらそれはプロレス

ラーかやばい奴だ。

マッチョでよかったと思った。

でもおじさんは最悪の食べ放題に来たと思っただろう。すいマッチョ、と心の中でスーパーおもしろギャグをおじさんにお届けした。


4ヶ月ぶりの日記。もっと書こう。

書き下ろし　2020年

2020年2月18日（火）　そもそも篠宮さんは90インチのモニターじゃなくてもよかった

R－1準決勝当日。

ここまでの予選ではかなりウケがよく、これまでのR－1の中で一番手ごたえを感じてた。

しかし準決勝の会場がなんばグランド花月で、これまでで一番広い会場。

作ったゲームをモニターに映し、それをお客さんが見るというネタだったので、モニターが小さいと後ろのお客さんが見れない。

しかも大阪が会場なので東京から馬鹿でかいモニターを持っていくのは難しい。

なので大阪でモニターを貸出してるお店を探しレンタルする必要があった。

NGKの一番後ろのお客さんが見れるモニターのサイズは90インチだった。

90インチのモニターのレンタル料は40万円だった。

当然自腹。どうする？　負けたらただ40万出費しただけになる。でも40万円払って勝てばそれ以上の見返りがある。

腹をくくった。

僕は40万のモニターをレンタルすることに決めた。

その噂をどこで聞いたのか、オジンオズボーンの篠宮さんが「俺もそれ使いたいから半分お金出す」と言った。

篠宮さんも漢字の覚え方というネタだったので漢字を映すモニターが必要だった。

ありがたい。そもそもレンタルした90インチの搬入も自分たちで行わなければならないので、いくらのマッチョの僕でも一人では厳しかった。

そして朝一でモニターを搬入し、舞台袖にセッティング

し動作を確認も終え、あとは自分の出番を待つだけとなった

40万円のプレッシャーは半端じゃなかった。

何度も動作を確認し、本番を迎えた。

暗転中にスタッフさん達と一緒にモニターを舞台中央に設置。

そして明転。

最初のつかみ「桃鉄かと思ったら太ももが鉄のように固い男、てつじだった」。

ゼロ笑い。

嘘だろ。さらにゲームを始めてもずっとゼロ笑い。

足が震えた。いくら大阪にはまってないからといって、予選で滑り知らずだったこのネタがこんなことになるなんて。

すると客席から野次のような声が聞こえてきた。

「……ってねーぞ」

滑りすぎてついに野次まで飛んできたか、と思った。

しかしよく聞いてみると

「ついてねーぞ」と言っている。

さらに袖から芸人たちが「モニター!! モニター!!」と叫んでいた。

そして僕はモニターを見た。

するとモニターが真っ暗だった。

ずっと1分間モニターが真っ暗な状態でネタを進めていた。

よく見るとモニターのコンセントが抜けていた

どうやらスタッフさんが暗転の中、運んでいる途中で抜けてしまったらしい。

僕は「テンダラーさーん、おねがいしまーす」とそのときMCだったテンダラーさんをネタ中にも関わらず召喚し、前代未聞のネタいったん中止という事態となった。

スタッフさんも慌てまくってしまい、慌てて舞台に駆け

寄りお客さんたちの前でモニターの電源を繋いでしまい、画面にデカデカと「TOSHIBA」という文字が映し出され、さらに掴みであるはずの「太ももが鉄ように固い男てつじ」の画面も映し出された。

その状態からネタのやり直し。

40万円払ったのにモニターがつかなかったという事態に僕はもうだんだんどうでもよくなってしまい、逆に気楽にやれて無事をネタを終えた。

そして結果発表。

なんと決勝進出。史上初のトリプルファイナリストとなった。

ちなみに篠宮さんは落ちていた。


2020年3月8日（日）あとモンスト側ももっとブチ切れていい

いろいろあってR－1優勝した。

今回はちゃんとモニターついた。

ただR－1史上初、優勝決まった後、5分くらい尺があるという変なハプニングがあって、ライブのエンディングみたいにそれぞれ出演者に感想を聞いていくという謎の時間があった。

まぁなんにせよ優勝できて幸せな気持ちになった。

記者会見なども終わり、ゆっくり賞賛の声でも見ようと思ってエゴサしたらなんか軽く炎上していた。

2本目のネタがモンスト風で女性のストッキングにハサミを当ててストッキングを破いていくネタだったが、それが「なんて危険なネタなんだ」と非難されていた。

いやいや絶対こんなんでそんな風に思うやついないだろ、と思っていたが今こうやって字に起こしてみたらどう考えても正気の沙汰じゃない。プチ炎上で済んで本当によかったと思う。

2020年12月20日（日） ずっとやってることは変わらない

M－1決勝当日。

密着カメラと一緒にテレビ朝日に入りエレベーター付近で陣内さんに会った。

「なんや、密着されとるやん」と言われ「あっ優勝したときに流すやつらしいんで全く使われないと思います」と言った。

「そうなんや、頑張ってやー」と言って陣内さんはエレベーターに乗っていった。

後から聞いた話だがM－1の決勝当日に陣内さんに会ったコンビは優勝するというジンクスがあるらしい。

それを聞いて来年から出場者全員が当日陣内さんを探し出すんじゃないかと心配になった。

控え室に入ると、見取り図とニューヨークがいた。どうやらこの3組の部屋のようだ。

いつもは全組が一つの部屋にいたので、凄い人が少ない感じがした。

しかもほとんどの人がタバコを吸うのでずっと誰もいなかった。

さらにご飯も控え室ではなく専用の部屋で食べることになっており、僕は一人でずっとチキンを食べていた。

だいたい本番までは5時間近くあった。敗者復活を見たり軽くネタ合わせをしたりした。

とにかく今年は人が少なかった。前出たときはスーツを着た大人たちであふれかえっていたのに、今年はコロナの影響で、最少人数で行われていたため、めちゃくちゃ静かだった。

しばらくしてそれぞれがメイク室に呼ばれだした。

このあたりから全員がそわそわしだした。

もうすぐ始まる気がする。もう休憩がない。始まってしまったら始まってしまう。ちょっと待ってほしい。

少しずついろんな感情が湧いてきた。

本番30分前ごろに上戸彩さんが控え室に挨拶に来られたあたりで、ここまでちゃんと直視してこなかったM－1が始まるという現実を受けとめる必要がでてきた。

そして全員が本番中の芸人の控え室に案内された。

「あーはじまる」

「はじまるなー、あーはじまる。まじではじまるぞ」

始まってしまう。ついに始まる。ようやく始まる。本当に始まる。いろんな意味を込めた始まるという言葉を全員が言い出した。

そしてミルクボーイがリムジンバスの中でネタを始めるところからM－1が始まった。

このたまり場の中で言えば、ミルクボーイはミルクボーイ史上一番すべっていたと思う。

そのくらいみんなネタを見る余裕がなかった。

はじまった。腹をくくるしかない。


そしてMCの登場、審査員の登場。ルール説明がすみやかに行われ、いよいよトップバッターが決まる。

「全然こい、全然いいよ。やってやるよ」みんなずっとそれを連呼していた。

そして笑みくじが引かれた。

トップバッター、敗者復活のインディアンス。

全員「はぁー」と息を吐いた
「全然こい、全然いいよ。やってやるよ」なんて全員1ミリも思ってなかった。


そこからなんやかんやあって優勝した。

途中まで書いたけど長くなりそうなので、なんやかんやの部分は他の媒体で死ぬほど語ったので興味ある方は探してみてください。


優勝後、記者会見なども終わり、ゆっくり賞賛の声でも見ようと思ってエゴサしたらなんか炎上していた。
「あれは漫才じゃない」と言われていた。僕もそう思う。
思えば気持ちよく賞レースを終えた試しがない。
この先もそんなことが続いていくのだろうなと思った。
なんにせよ、何が起こっても、とりあえずそれをまた日記に書こうと思った。

［完全版解説］　　　　　　　　　　　　　　　　（2018年当時掲載）

村上

やあ！　むらちゃんだよ！　野田氏の本を手に取ってくれてありがとうございます！　野田の日記とは僕との歩みの歴史でもあります。言ってみれば村上の日記でもあるということでございます。読むと昔の自分を思い出します。ですので、ですのでかしら？　日記に描かれていないわたし目線の彼との出会いを少し書いてあとがきにするつもりです。

あとがき行くよー！

僕が最初に彼を見たのは実家のテレビで『学校へ行こう！』のお笑いインターハイに出ていた「セールスコント」です。僕と同じくらいの歳なのにテレビに出て活躍してすごいなぁ、面白いなぁと思ったのを覚えています。

そのあと大学生になった僕が大学の学園祭のお笑いライブに彼を呼ぶことになるんですけど、彼は「セールスコント」のあとに組んだ「役満」を解散してピン芸人「野田クリスタル」の状態になっていました。あの、セールスコントの人がプロになって芸歴を重ねてどんなに面白くなってるんだろうと思いワクワクして見ていたら、変なゲド戦記のネタをやっていて、ライブスタッフも僕も機嫌悪くなるくらい滑ってました。お客さんの何人かは具合が悪くなってもどしちゃってたかもしれないです。野田氏には内緒ですが、「誰だっ！　伝統ある自主法政祭の舞台にあいつを呼んだのはっ」て責任の所在でもめ、当時の部長が更迭されかけたりされかけなかったりでした。

それが多分2004年か2005年じゃないかなと思います。

2007年のコンビ結成までもうちょいです。ささっと行きましょう。

2006年のキングオブフリー（事務所に所属していない芸人の頂点を決める大会）に大学の後輩が出るというので見に行くと、そこに野田クリスタルが出ていまして、今度は変なガムテープのネタをやっていてそのネタが面白すぎて涙流して笑って、出待ちしてコンビ組んでもらったみたいな感じだった気がします。急にマヂカルラブリーになりましたが大体こんな感じだったと思います。実を言うとその頃は教員採用試験に落ちたり就職活動に全て落ちたり留年したりとめちゃんこイケイケ村ちゃんだったのであまり覚えてません……。最初に野田氏とご飯食べに行くときに超エロいＤＶＤを渡してなんとかコンビを組んでこれまでなんとかやってきております。そろそろ契約更新かもなのでまたエロいのあげなきゃかなと思ってます。何かあったら教えてくださいね。何が言いたいのかというと、今後ともよろしくお願いしますということです。ではー。さささー。

野田さん家のはむはむ成長日記

2020/7~2020/12

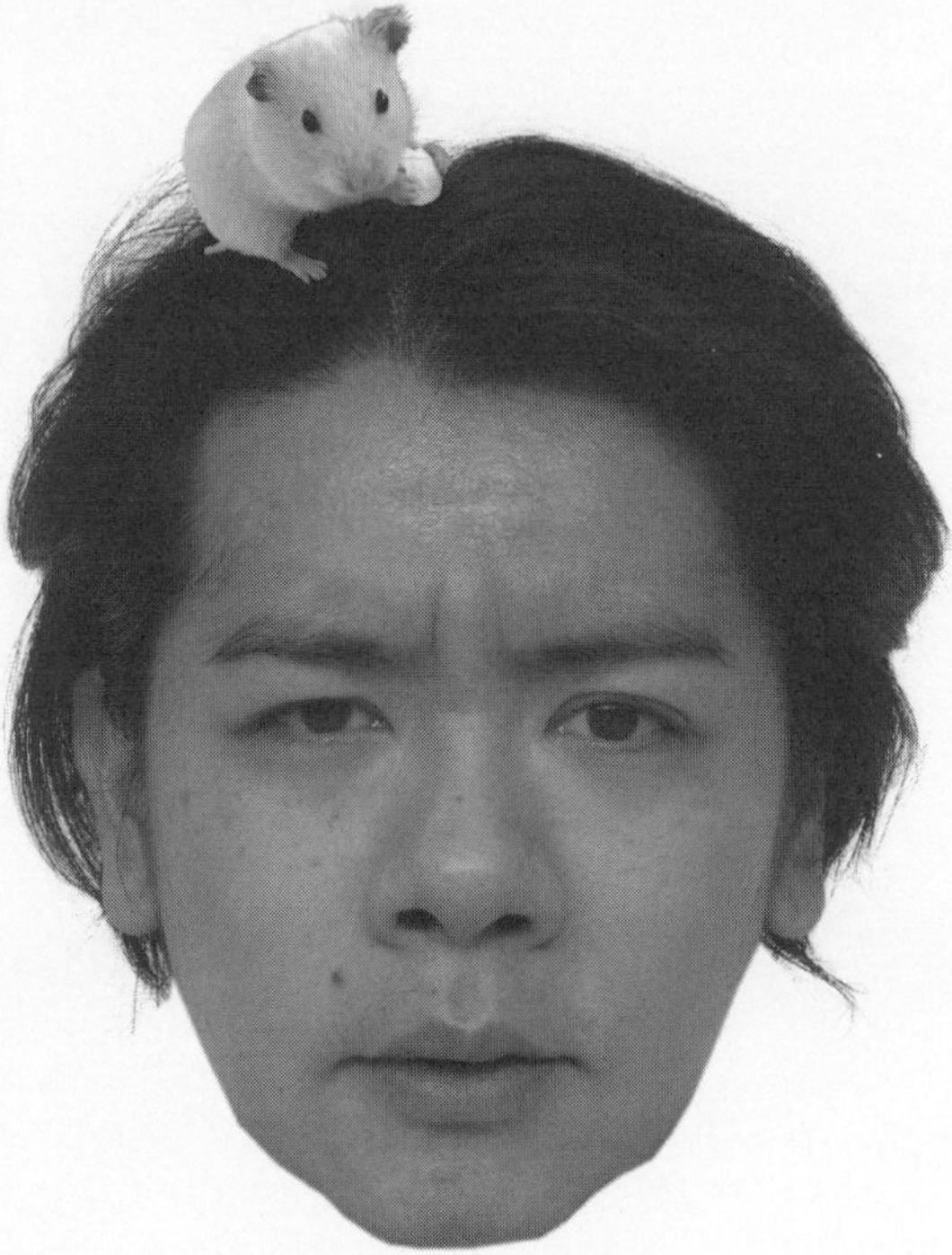

2020/7/21
この流れ（クラファンの告知）ですいません！ ハムスター飼いはじめました！ 名前ははむはむです

2020/7/23
はむはむ萌え〜

2020/7/25
今日のマッチョ農園 ずっと雨でも意外に野菜は育つという事を知りました とうもろこしができそうなのではむはむに食べさせたいです

僕のツイッターはクラファンと野菜とはむはむに乗っ取られたのでしばらくお付き合いください

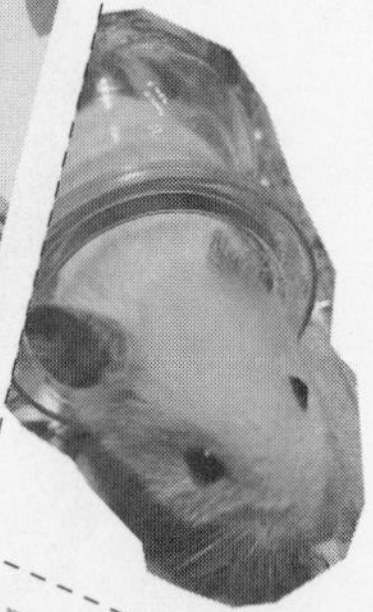

2020/7/28
ブランコの位置が高いのでは？という指摘があったので低くしてみたら乗ってくれました！ありがとうございます たた本当に乗っただけでした！

あと回し車が小さいのでは？という指摘があったので大きい回し車を買ったら、おかげ様で３時間くらい走り続けています！寝れません！そんなはむはむ萌え〜

2020/7/26
意地でもブランコに乗らないはむはむ

うちで採れた大根の葉にハマったはむはむ

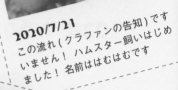

2020/7/29
寝てるとこ申し訳ないけどカボチャあげた はむはむ寝ながら食べた

2020/7/30
ちょっとケージが狭い気がして、パイプつけて別荘作ったら、よくわからんとこで寝た

2020/7/31
疲れたから寝るはむはむ

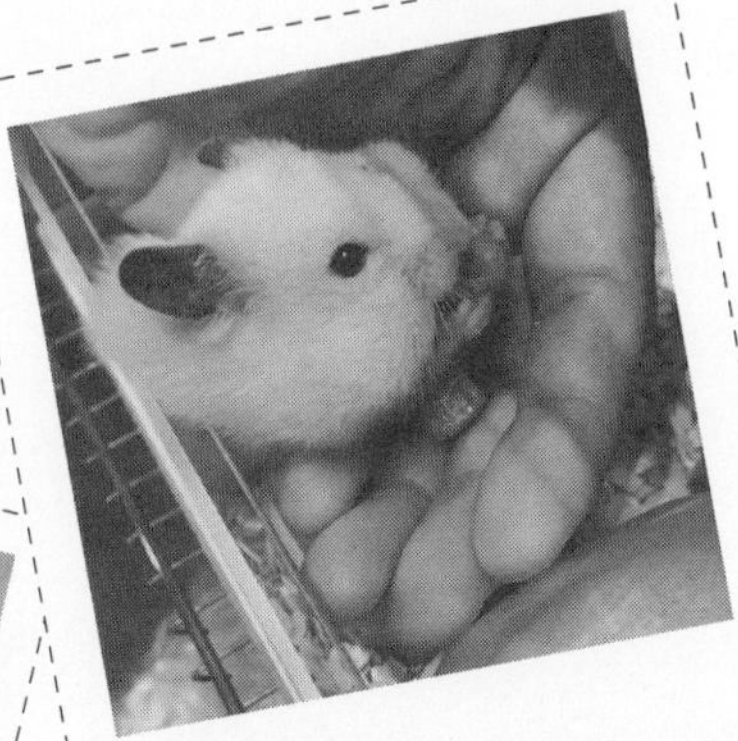

2020/8/2
はむはむがあげたご飯全部口にぱんぱんにつめこむようになって心配です

2020/8/3
走り続けてまたここで寝る

ケージの床材ですが、ウッドチップはアレルギーが出る場合があると皆様から指摘されたのでペッパーチップに変えてみました はむはむ的にはどっちが良いのかわからないですが口にめっちゃくわえて家に持って帰ってました
#ハムスターのいる暮らし

ペッパー？ペッパー君？

2020/8/4
飼い主だからかもしれないけど、一生見てられる

2020/8/11

はむはむ用のバーベル 早くはむはむのデッドリフトみたいなー

巣箱が大きくなって落ち着かないのか、大量のペーパーマットを持って帰るはむはむ

ついでにお風呂で寝るはむはむも

2020/8/9

現在のはむはむハウス ケージももうすぐ手狭になるので大きいの買います おすすめケージあったら教えてください
＃ハムスターに乗っ取られたツイッター

ルーミィ60（ケージ）の評判すごい これからもSANKO様を信頼していきます

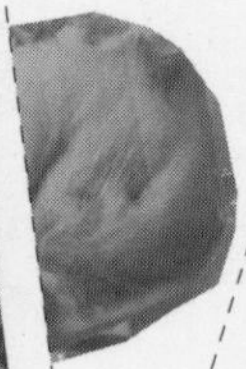

2020/8/12

うちで採れたとうもろこしをおいしそうに食べるはむはむ萌え〜

2020/8/14

はむはむがなんか別荘の砂風呂に巣を作りだしたのですが大丈夫なんでしょうか？ 室温は25度前後、湿度は60%前後 2、3日に一回は掃除しています まじわからん

いや、ほんと毎日違う事する かまいすぎなのかな？ もっとほっといてる方が良いのかな？まじわからんよはむはむ 毎日心配で心配で仕方ない

やっぱり掃除しすぎなのかもしれない ずっと身体かくのが心配になって掃除しすぎた はむはむを飼ってわかりましたが、自分はなにかを育てるのが本当に向いていません！ 一日中心配しすぎてうざいのかもしれない！

2020/8/16

巣箱を小さいのに変えたら戻ってきてくれました はむはむまじ萌え ほんとまじ萌え

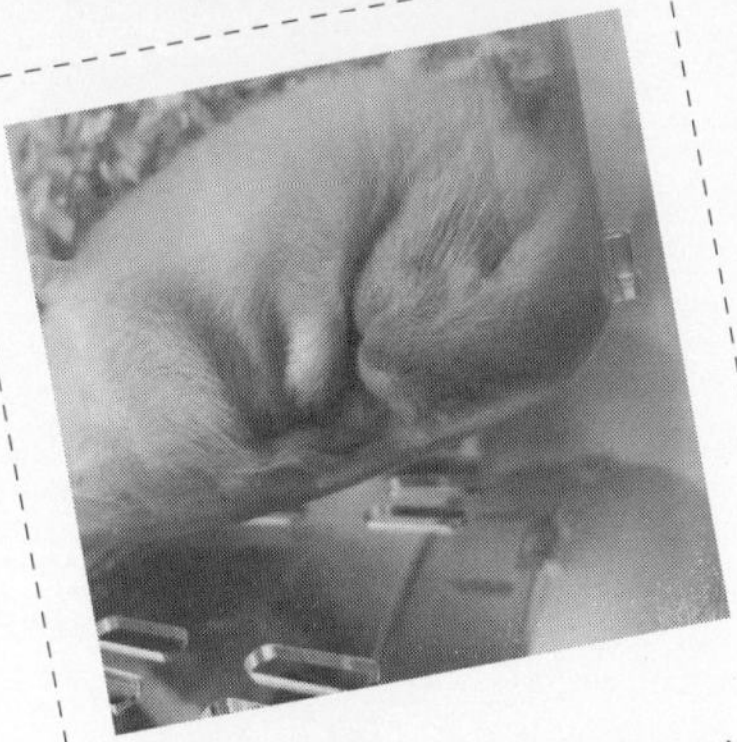

2020/8/20
はぁーはむはむきゃわたんだよはむはむ～ きゃわいーはむはむだよ～いやきゃりーぱみゅぱみゅみたいになってるねーはむはむー

2020/8/18
テレビ見ながらかぼちゃ食うはむはむ

2020/8/20
どういう状態？
＃ハムスターをただただ愛でる屋台
＃はむはむをただただ見守る会

追加はむはむ

追加はむはむ追加はむはむ

2020/8/21
なにが一番好きか確認するため、いろいろ入れてみた とうふめっちゃ食う ペレットは大量に頬袋につめこんで巣に持ってかえる 全てを差し置いてかぼちゃが一番好き 指に餌の匂いつけて嗅がせると指噛んでくるからなんか嬉しい 体重100gこえた 一日寝ると全ての事を忘れる はむはむの近況でした

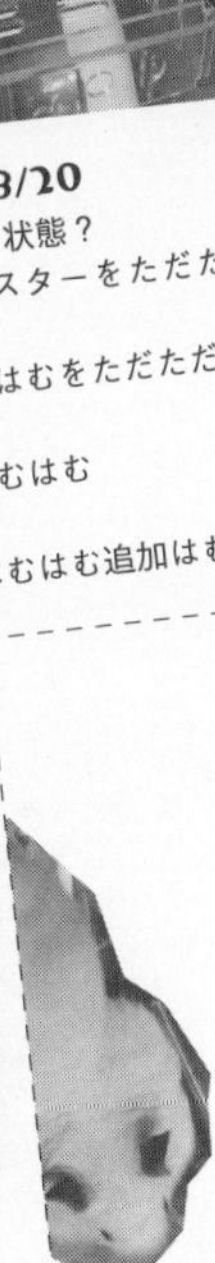

2020/8/24
はむはむ寝てる時たまに「きゅっ」って鳴くけど寝言？

2020/8/27
トークライブありがとうございました 次はむはむを食べるみたいな事言った奴は合掌で頭破裂させて涙を流します 今年の田畑藤本はM-1の方程式解けてるみたいなんで注目です

2020/8/26
はむはむも大きくなってきた なんかやたらエサくれるマッチョってくらいには認識されだしたかも

ほんとはむはむ回し車走ってたと思ったら急に寝てんのよ 萌えすぎない？

2020/9/5
口にご飯パンパンに入れた後水飲むんだけど口の中のご飯ぐっちょぐちょにならない？

2020/9/4
激萌え

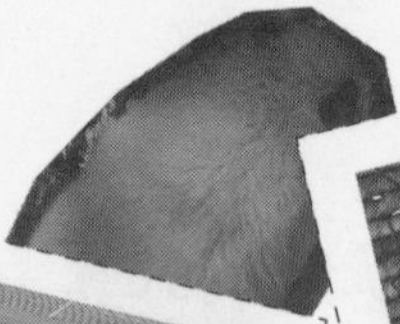

2020/9/9
はむはむの家が大きくなりました
グノシー様ありがとうございました

2020/9/8
今日ではむはむが生後三ヶ月となりました 人間だと17歳だそうです
JKです まじ萌え

2020/9/18
アイコンを激萌え激ヤバまじでやばすぎかぼちゃ食い過ぎはむはむ画像に変えました 短い命ではありますが今後もはむはむをよろしくお願いします

2020/9/15
(「スーパー野田ゲー PARTY」のクラファンに)協力していただいた方々になにかお礼をしたいのですが、あいにくお渡しできるものはスーパー激萌えまじやばはむはむ画像くらいしかありません

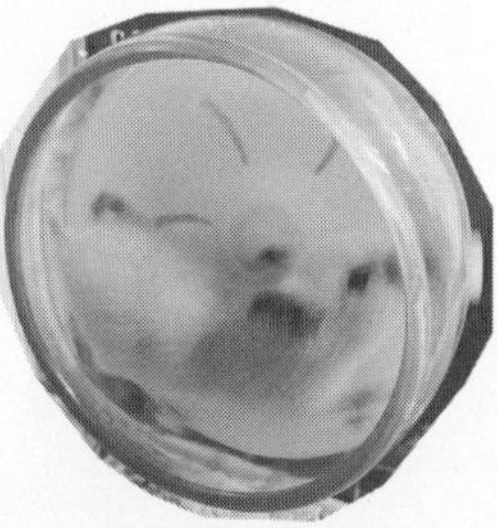

2020/9/24
いや俯瞰的に見て面白かった時の笑い方！

2020/10/8
はむはむが生後四ヶ月になりました 人間だとJDです 最近パワーが凄いです。巣箱ガンガン動かします負けてられません

2020/10/16
最近マッチョ回し車にハマってるはむはむ

つぶらな瞳でおねだりしてくるので一生終わらない

2020/10/16
はむはむ食ぱむ 速攻奪われた

2020/10/22
過去最高の食いつき

2020/10/17
巣箱に入れようとしたけど大きくて入らなくてちょっと食べてから入れる iQ200 のはむはむ

2020/10/26
はむはむまじはむはむ

2020/10/23
(回し車の)使い方忘れた?

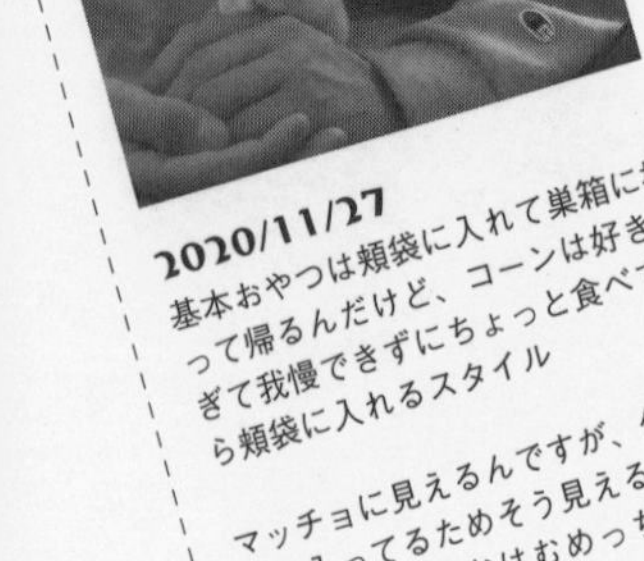

2020/11/27
基本おやつは頬袋に入れて巣箱に持って帰るんだけど、コーンは好きすぎて我慢できずにちょっと食べてから頬袋に入れるスタイル

マッチョに見えるんですが、他が頬袋に入ってるためそう見えるっぽいです！ でもはむはむめっちゃ力強いです

2020/11/2
出してほしくて目うるうるさせてくる

2020/12/8
はむはむの誕生日は6月8日なので今日で半年経ちました 人間だと28歳だそうです この子のためにもM-1優勝して、純金の回し車買ってやりたいです

2020/12/19
なんの用もないのに呼んじゃった

2020/12/20
優勝してうまいもん買って帰るからな!

2020/12/21
はむはむに優勝報告しました

2020/12/29
フォロワーが倍以上になったので、改めて紹介します 2020年6月8日生まれ、キンクマハムスターのメス 名前は「はむはむ」です M-1の3連単当ててました そんなはむはむを今後ともよろしくお願いします

あとがき

よくブレないとか、自分のお笑いを突き通してるみたいな感じのことを言われますが、日記を読んでいただけたならわかるかと思いますが、ブレブレですし、突き通すほどの根性もありません。

変わらない部分があるとしたら、それはきっと治らなかった部分なんだろうなと思います。

M-1最下位もR-1後の炎上もM-1優勝後の漫才論争も僕はただ賞レースに真面目に挑んだら勝手にそんなことになっただけで、僕はいつもいつだって真剣に生きているだけです。

なので僕はこれからも真剣に生きていきますが、また勝手になにかしらの問題が起きるかもしれません。

そのときはあたたかく見守っていただけたら幸いです。

野田の日記、購入していただいてありがとうございました。


（2021年2月　野田クリスタル）

野田の日記 2012 - 2020 - あとのほう -

- それでも僕が書き続ける理由 -

著　　者　野田クリスタル（マヂカルラブリー）

2021年4月3日　初版発行
2021年4月20日　2刷発行

発 行 人　藤原 寛
編 集 人　新井 治

挿　　絵　野田クリスタル
装丁・DTP　大滝康義（株式会社ワルツ）
撮　　影　永留新矢
企画・協力　野間俊助、前橋久美子
校　　閲　鴎来堂
営　　業　島津友彦（株式会社ワニブックス）
編　　集　太田青里

発　　行　ヨシモトブックス
〒160-0022　東京都新宿区新宿 5-18-21
03-3209-8291
発　　売　株式会社ワニブックス
〒150-8482　東京都渋谷区恵比寿 4-4-9 えびす大黒ビル
03-5449-2711

印刷・製本　株式会社光邦

ISBN 978-4-8470-7045-7